はじめに

　地域共生社会の実現を図るため、複雑化・複合化したニーズに対応する包括的な福祉サービス提供体制を整備する観点から、「地域共生社会の実現のための社会福祉法等の一部を改正する法律」により社会福祉法が改正され、令和3年4月から施行されました。これにより「相談支援」「参加支援」「地域づくりに向けた支援」を一体的に実施する「重層的支援体制整備事業」が始まり、各区市町村の実情に応じた取組みが進められています。

　令和6年3月現在、都内では12の自治体が重層的支援体制整備事業を実施しています。また、16の自治体が移行準備事業を実施しており、順次本格実施に移行していく予定です。各自治体では、これまで積み上げてきた取組みを活かしながら、本事業の5つの事業である「包括的相談支援事業」「参加支援事業」「地域づくりに向けた継続的支援事業」「アウトリーチ等を通じた継続的支援事業」「多機関協働事業」を実施しています。

　東京都社会福祉協議会では、令和3年10月から令和5年1月にかけて、重層的支援体制整備事業を実施している7つの自治体の区市町村社会福祉協議会（以下、区市町村社協）に取組み状況のヒアリングを実施しました。さらに、ヒアリングした内容をもとに、プロジェクトチームで本事業に社協が取り組む際のポイントを整理し、令和5年3月にそれらの内容をまとめた実践事例集を発行しました。

　令和5年度は、9月から令和6年2月に、新たに本事業の本格実施となった5つの自治体の区市町村社協にヒアリングを実施しています。区市町村社協の本事業への関わり方は、各自治体によってさまざまですが、地域福祉の推進を担ってきた区市町村社協が、どのような形であれ、その力を発揮していくべき事業であることは明らかです。

　コロナ禍で新たな地域課題も顕在化し、区市町村社協では、重層的支援体制整備事業を活用して、そのような課題に対応する取組みも見られています。しかし、課題は複雑化、複合化しており、多様な主体が課題を共有し、連携・協働していくことが求められています。地域で活動する多くの関係機関、関係者に重層的支援体制整備事業における取組みを知っていただけると幸いです。

※令和5年3月発行「重層的支援体制整備事業　実践事例集～実施7区市の区市町村社協の取組みより～」はこちらからお読みいただけます。

実施7区市の区市町村社協の取組み

事例1　包括的相談支援を担う各拠点CSWを増員するとともに、
　　　　社協本体の支えあい推進課に多機関協働担当CSWを専従配置
　　　　一八王子市社協における重層的支援体制整備事業の取組み

事例2　地区ごとの包括的相談支援「福祉の相談窓口」と
　　　　ひきこもり支援に特化した多機関協働事業
　　　　一世田谷区社協における重層的支援体制整備事業の取組み

事例3　6つの圏域に地域福祉コーディネーターを複数配置し、市と社協に
　　　　相談支援包括化推進員を配置するとともに、3つの重点対象者を設定
　　　　一立川市社協における重層的支援体制整備事業の取組み

事例4　全職員による地域担当の取組みと「福祉何でも相談」を活かして
　　　　ひきこもり支援と地域の居場所応援窓口を実施
　　　　一中野区社協における重層的支援体制整備事業の取組み

事例5　地域福祉プラットフォームを活かした、ひきこもり等の複合的課題を
　　　　抱えた方へのアウトリーチ等積極的な個別支援と地域づくり
　　　　一墨田区社協における重層的支援体制整備事業の取組み

事例6　ほっとネットステーションにおける
　　　　地域福祉コーディネーターの取組みを活かした事業実施
　　　　一西東京市社協における重層的支援体制整備事業の取組み

事例7　3つのエリアに配置するCSWがアウトリーチを通じた支援事業を担うと
　　　　ともに、相談支援包括化推進員を兼務。市の相談支援包括化推進員と
　　　　お互いの強みを活かして、支援・つなぎ・出会いを重層化する。
　　　　一狛江市社協における重層的支援体制整備事業の取組み

目 次

6つの

Point 1

それまでに地域で積み上げてきたものの延長に

　全く新しいものを創り上げるのではなく、それぞれの地域でそれまでに積み上げてきたものをベースとして、それをさらに機能強化する手段として重層的支援体制整備事業を用いられています。地域福祉コーディネーターやCSWの増配置やエリアごとの活動拠点の整備が多くみられます。

Point 2

どのような課題を解決していくかを明確にし、関係者で共有

　重層的支援体制整備事業を用いてどういった層の支援を強化したいかが共有されています。既存の相談支援機関に寄せられている複合的な課題のあるケースを分析して多機関協働にふさわしい事例を明確にしたり、「ひきこもり」や「ポストコロナの生活困窮者」などを重点対象に定める取組みがみられます。

Point 3

総合相談さえあれば解決につながるではなく、既存の分野別相談機関の連携こそが重要

　重層的支援体制整備事業で総合相談窓口や福祉丸ごと相談を設置して、そこに複雑化・複合化した課題を集めれば解決できる訳ではありません。既存の分野別の相談機関による包括的相談支援の連携強化を通じて分野を横断した課題への対応力を高めていくことが重要となっています。

からみえてきている
ポイント

Point 4
福祉施設・事業所、民生・児童委員、住民活動等に対して取組みを可視化し連携

　自治体と社協がお互いの強みを生かしてしくみを作るとともに、地域の相談機関をはじめ、福祉施設・事業所、民生・児童委員、また、既存の住民活動の力を借りていくことが大切になります。例えば、社会福祉法人の連絡会活動と結び付けたり、既存のサロンや居場所と参加支援の場づくりをすすめるなどです。

Point 5
参加支援と地域支援を一体的に

　参加支援の場を地域に創っていくことが重要ですが、参加は一人ひとりに応じてペースは異なるグラディエーションのようなもの。また、本人の強みを活かす視点が必要であり、合わせて、場づくりに地域からの参加も得ることで、生きづらさを抱える方々への理解と支え合いを広めていくよう地域支援と一体的な取組みが期待されます。

Point 6
継続的な関わりのプロセスを評価する

　この事業の実績や成果をカウントすることの難しさが指摘されています。重層的支援体制整備事業は、特定の課題を解決するとともに、つながり続けるアプローチをめざした事業です。一つひとつのケースによってもゴールも異なり、プロセスをどう評価するかの共通認識が必要となっています。

12の実施地区の社協における取組みの特徴

墨田区社協 Vol.1に掲載

　地縁組織による小地域福祉活動に加えて、平成28年度からは相談と交流の拠点として社協のCSWが常駐する「地域福祉プラットフォーム」を設置し、令和3年度には3か所目を設置した。令和4年度からの『墨田区地域福祉計画』に『重層的支援体制整備事業実施計画』を掲載しており、同計画では世代・属性を問わない相談支援、地域づくりの場として、またアウトリーチ及び参加支援の地域拠点として「地域福祉プラットフォーム」の機能を強化するとともに、多機関協働事業は区の福祉保健部が直営で担い、CSWは毎月開催される支援会議等に参画する。

大田区社協 69ページ

　大田区では「総合相談窓口」は設けず、既存の分野別の相談支援機関のスキルアップやネットワーク化に力を入れ、4つの基本圏域ごとの各庁舎にいる区の「地域包括ケア推進担当」が直営で多機関協働事業を実施する。

　大田区社協の「地域福祉コーディネーター」15名は、4つの基本圏域ごとに3〜5名ずつのチームで活動している。また、18の日常生活圏域ごとに、社協内の部署を越えた常勤職員を「地区担当職員」として配置している。さらに、「大田区社会福祉法人協議会（おおた福祉ネット）」も4つの基本圏域ごとに幹事法人を中心とした活動を展開している。社協の第7次地域福祉活動計画では、「相談支援〜参加支援〜地域づくり」のサイクルをめざしている。

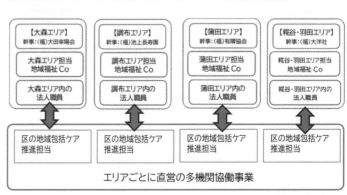

世田谷区社協 Vol.1に掲載

　平成26年度からすすめてきた地域包括ケアの地区展開（28地区）によって各地区にまちづくりセンター、地域包括支援センター、社協の3者が連携した「福祉の相談窓口」が包括的相談支援事業の一翼を担う。令和4年度からは「ひきこもり相談窓口」が新たに設置され、社協が受託する生活困窮者自立相談支援センター「ぷらっとホーム世田谷」と「メルクマールせたがや」が連携して運営し、重層的支援会議を開催する等、多機関と協働してひきこもり支援を実施している。令和6年度からは「ひきこもり」の課題限定ではなく、5地域の保健福祉センター、地区担当職員が出向く28地区のまちづくりセンターに拡がる。

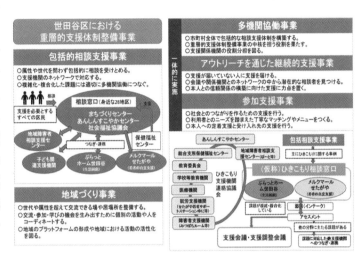

渋谷区社協 55ページ

　渋谷区では、社協に13名の地域福祉コーディネーター（全員が生活支援コーディネーターを兼務）が配置され、4つの日常生活圏域に3名ずつとともに、全体を統括する1名が配置された。既存の相談支援機関による包括的な相談支援と連携しつつ、①福祉なんでも相談窓口、②①の分室、③区内巡回の地域相談を実施。また、地域福祉コーディネーターが渋谷区地域共生サポートセンター「結（ゆい）・しぶや」では、分室での相談や、参加支援をNPOのコミュニティマネジャーと連携しながら担っている。

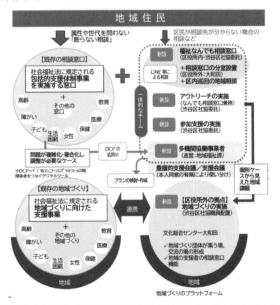

中野区社協 Vol.1に掲載

　中野区は平成29年度から15の区民活動センター圏域に保健師、福祉職、事務職員などの行政職員による「アウトリーチチーム」を配置。重層的支援体制整備事業では、このチームが「支援会議」「重層的支援会議」「（中野区独自の）連携会議」を主体的に担う。中野区社協では平成16年度から社協全職員がそれぞれ地域を担当する地域担当制をとっている。その実践を通じて個別相談も寄せられるようになり、平成27年度より「福祉何でも相談」を社協の地域活動推進課に置いた。重層的支援体制整備事業では、中野区社協は参加支援事業として「ひきこもり支援事業」を受託している。

重層的支援体制整備事業の受託内容

ひきこもり支援事業
　相談窓口の設置、情報発信、アウトリーチ等を通じた継続的支援、ネットワークづくり、重層的支援会議の参加、プラン作成、プランに沿った支援、フォローアップ

地域の居場所を提供する公益的な活動の立ち上げ・運営支援の機能強化（R4年度のみ）
　相談窓口の設置、活動状況の把握、運営支援、立ち上げ支援、中野区アウトリーチチームとの情報共有

重層的支援体制整備事業を社協全体で取り組むために…
〇生きづらさを抱えた方への支援を通じた社会資源づくり（福祉何でも相談）
〇専門職とのつながりづくり（区内社会福祉法人等連絡会の発足と協働事業）
〇15の地域の地域担当職員による地域支援や民生児童委員と連携した活動
〇中野つながるフードパントリーの実施（生活困窮者支援を通じてできた多様なつながり）

豊島区民社協 43ページ

　豊島区民社協は、平成21年度から配置してきたコミュニティソーシャルワーク事業や、生活困窮者自立支援事業（くらし・しごと相談支援センター）、生活支援体制整備事業など、重層事業につながる多くの事業を実施してきている。CSWは8つの拠点「区民ひろば」に常駐し、CSWによる相談会も実施している。また、社協の全部署を横断した地区担当制も取っており、CSWと地区担当職員が一緒に地域との関係をつくってきた。重層事業を実施する前から区では、福祉包括化推進会議と推進部会を設置しており、社協の共生社会課はその構成部署の1つに位置づけられている。

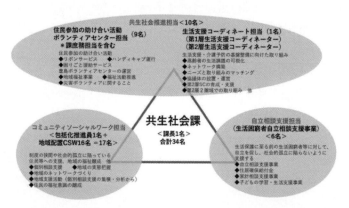

八王子市社協 Vol.1に掲載

平成26年度から設置をすすめてきた地域福祉推進拠点（はちまるサポート）の各拠点（13か所）にCSWを複数配置し、その拠点CSWが包括的相談支援、アウトリーチ等を通じた継続的支援事業、参加支援事業、地域づくりに向けた支援事業を担うとともに、社協の支え合い推進課に多機関協働事業を実施する3名のCSWを配置している。

多機関協働事業　相談フロー図

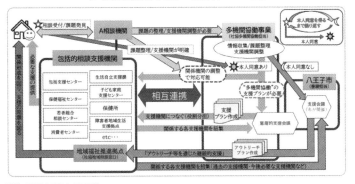

Ⅰ 包括的相談支援事業
　・社協（拠点）　※〜R2 補助事業 → R3〜 委託事業
　・既存の相談支援機関（高齢者あんしん相談センター（包括）、子ども家庭支援センター、若者総合相談センター、障害者地域生活支援拠点、保健所他）
Ⅱ 多機関協働事業
　・社協（包括的相談支援事業と連携）　※新規
Ⅲ アウトリーチ等を通じた継続的支援事業　※新規
　・社協
Ⅳ 参加支援事業　※新規
　・社協
Ⅴ 地域づくり事業
　・社協
　・既存の各所管の事業（生活支援体制整備事業、地域活動支援センター事業、地域子育て支援拠点事業、生活困窮者の共助の基盤づくり事業等）

立川市社協 Vol.1に掲載

平成19年度から配置をすすめてきた地域福祉コーディネーターを本事業の受託にあたり6圏域全てで複数の配置を実現。また、分野を超えて専門機関と連携する相談支援包括化推進員を社協に2名、自治体に1名を配置。市の地域福祉計画と社協の地域福祉活動計画は同じ3つの重点推進事項を定め、その3つは「相談支援」「参加支援」「地域づくりに向けた支援」となっている。また、本事業の実施にあたって、令和4年度の重点対象者を「ポストコロナの生活困窮」、「ヤングケアラー」、「ひきこもり」に定め、制度の狭間や複雑化した相談支援を強化する。

令和4年度重点対象者

ポストコロナの生活困窮者	→	生活困窮者自立支援事業で受けている相談について、「困窮相談振り分け会議」により複合的な課題のある相談を精査する。
ヤングケアラー	→	市の地域福祉課が相談窓口となり、「ケアラー支援」の視点で課題を整理し、連携体制の構築を検討する。
ひきこもり	→	市の地域福祉課が相談窓口となり、内容に応じて家族支援・本人へのアプローチ等を相談支援包括化推進員とアウトリーチ専門員で実施する。

実施体制

	事業名	実施体制（主たる担当）
1	包括的相談支援事業	・既存の相談支援機関（生活困窮／子ども・子育て／障害／介護・高齢） ・社協の地域福祉コーディネーター（2名×6つの圏域） ※令和4年度から6名、12名とも生活支援コーディネーターを兼務
2	多機関協働事業	・相談支援包括化推進員（市の地域福祉課に1名、社協に2名） ※令和4年度から社協に1名増
3	アウトリーチを通じた継続的支援事業	・アウトリーチ専門員（市に2名）※令和4年度から新規に配置
4	参加支援事業	・社協の地域福祉コーディネーター（再掲）
5	地域づくり事業	・社協の地域福祉コーディネーター（再掲）

調布市社協 85ページ

　調布市社協は、地域福祉コーディネーター事業をはじめ、生活支援体制整備事業、生活困窮者自立支援事業（調布ライフサポート）、子ども・若者総合支援事業「ここあ」も受託している。地域福祉コーディネーターは、平成25年度のモデル配置から始まり、令和5年度に全8圏域に配置され、各圏域に2名のコーディネーターが配置される形となった。社協は重層事業の5つの事業をすべてを受託。多機関協働事業には重層事業実施前から調布市に設置されていた「相談支援包括化推進会議」を活用している。

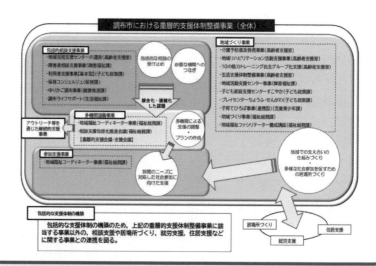

国分寺市社協 29ページ

　国分寺市は、重層的支援体制整備事業の「移行準備事業」を通じて計画的に人員体制を増員。本格実施にあたって、地域福祉コーディネーターは東西2圏域に4名まで増員し、市にも直営の相談支援包括化推進員を配置した。地域福祉コーディネーターは週に1回市役所に開設される「福祉の総合相談窓口」で相談に当たり、「どこに相談したらよいかわからない」といった困りごとに対応するとともに、他の曜日は地域へ出向き、相談を受けとめて、適切な支援機関につないだり、地域でのネットワークの構築、地域力の強化の推進に取り組んでいる。また、包括的相談支援を担う相談支援機関に呼びかけ、複合的な課題を抱える世帯の事例検討を通して、各機関のもつ役割の相互理解を高めた。

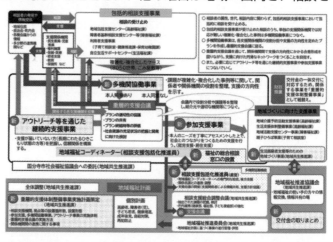

狛江市社協 Vol.1に掲載

　狛江市重層的支援体制整備事業実施計画では、「支援」「つなぎ」「出会い」の3つの重層化を図るとしている。幅広い相談窓口からの情報を「相談支援包括化推進員」へ集約するため、新たに「つなぐシート」を作成。社協のCSW以外にも各施設の担当者を「つなぐシート連絡員」に任命し、情報が集まるようにする。多機関協働事業は、直営と委託を併用する。制度の狭間にある問題や複合的な課題を抱える市民・世帯を中心に市の相談支援課相談支援係長と社協のCSW3名が「相談支援包括化推進員」を兼務し、市と社協でケースに応じて役割分担しながら重層的支援会議の運営を行う。また、社協のCSWと地域住民が「福祉のまちづくり委員会」をプラットフォームとして設置する。

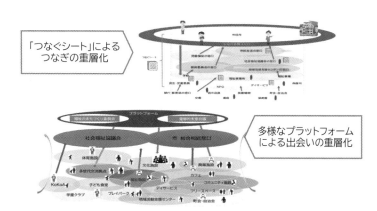

西東京市社協 Vol.1に掲載

　各分野の相談支援機関の連携とともに、どこに相談したらよいかわからない相談を「ほっとネットステーション」で社協の地域福祉コーディネーターが相談をうかがい、専門の窓口や解決のしくみにつなげる。多機関協働事業は、「支援会議」は市が主体となって実施し、重層的支援会議は社協の地域福祉コーディネーターが実施する。「ほっとネット推進員」や「地域の縁側プロジェクト」との連携やつながりを活かし、参加支援事業においては社会とつながりを作るための支援や地域づくりに向けた支援事業での支援、アウトリーチ等を通じた継続的支援事業での情報収集、本人や世帯へのアプローチの実施が想定される。

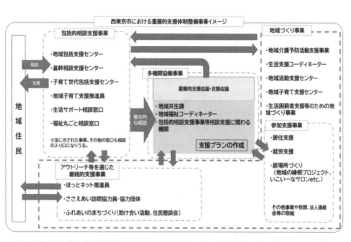

重層的支援体制整備事業実施地区における社協の取組み

東京都社会福祉協議会　地域福祉部

Ⅰ　重層的支援体制整備事業とは

　改正社会福祉法により令和3年4月からスタートした　「重層的支援体制整備事業」は、地域住民の複合化・複雑化した支援ニーズに対応していくための事業であり、実施を希望する区市町村の手あげによる任意事業として、東京都内では、令和3年度から2自治体、令和4年度から5つの自治体、令和5年度から5自治体が加わり、最初の3年間で12自治体で実施された。同事業は、「断らない相談支援」「参加支援」「地域づくりに向けた支援」の3つの支援を地域に作り上げていくことを目的とし、めざされている地域は、地域共生社会の理念を実現するものとなっている。

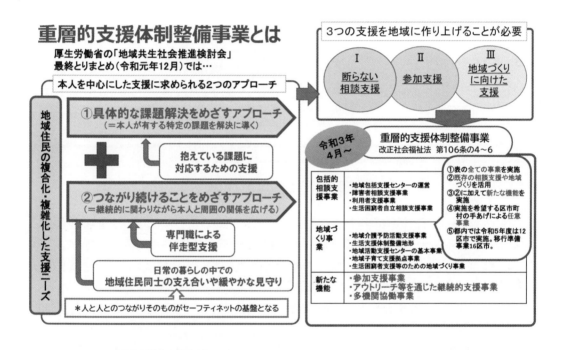

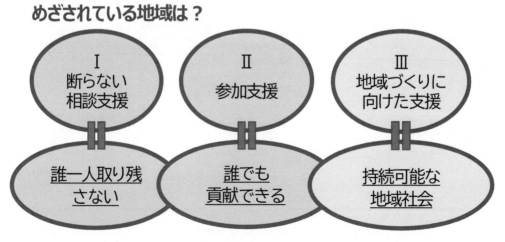

　これらの３つの支援を構築するべく、重層的支援体制整備事業では既存の相談支援や地域づくりはこれまでと同様に活かしつつ、新たに「参加支援事業」「アウトリーチ等を通じた継続的な支援事業」「多機関協働事業」という３つの事業が加えられた。そのため、それぞれの地域でこれまでに積み上げてきた取組みをこの事業を用いていかに機能強化させるかが極めて重要になる。

　そうした視点に立って、本プロジェクトでは、12の実施地区でこれまでに積み上げられてきた機能がどのようなものであり、それを重層的支援体制整備事業によってどのように発展させようとしているかに着目し、今後、未実施の地区も含めて地域において取り組むべき方策を検討した。

12の実施地区の実践からみえてきている
6つのポイント

Point 1　それまでに地域で積み上げてきたものの延長に

　全く新しいものを創り上げるのではなく、それぞれの地域でそれまでに積み上げてきたものをベースとして、それをさらに機能強化する手段として重層的支援体制整備事業を用いられています。地域福祉コーディネーターやCSWの増配置やエリアごとの活動拠点の整備が多くみられます。

Point 2　どのような課題を解決していくかを明確にし、関係者で共有

　重層的支援体制整備事業を用いてどういった層の支援を強化したいかが共有されています。既存の相談支援機関に寄せられている複合的な課題のあるケースを分析して多機関協働にふさわしい事例を明確にしたり、「ひきこもり」や「ポストコロナの生活困窮者」などを重点対象に定める取組みがみられます。

Point 3　総合相談さえあれば解決につながるではなく、既存の分野別相談機関の連携こそが重要

　重層的支援体制整備事業で総合相談窓口や福祉丸ごと相談を設置して、そこに複雑化・複合化した課題を集めれば解決できる訳ではありません。既存の分野別の相談機関による包括的相談支援の連携強化を通じて分野を横断した課題への対応力を高めていくことが重要となっています。

Point 4　福祉施設・事業所、民生・児童委員、住民活動等に対して取組みを可視化し連携

　自治体と社協がお互いの強みを生かしてしくみを作るとともに、地域の相談機関をはじめ、福祉施設・事業所、民生・児童委員、また、既存の住民活動の力を借りていくことが大切になります。例えば、社会福祉法人の連絡会活動と結び付けたり、既存のサロンや居場所と参加支援の場づくりをすすめるなどです。

Point 5　参加支援と地域支援を一体的に

　参加支援の場を地域に創っていくことが重要ですが、参加は一人ひとりに応じてペースは異なるグラディエーションのようなもの。また、本人の強みを活かす視点が必要であり、合わせて、場づくりに地域からの参加も得ることで、生きづらさを抱える方々への理解と支え合いを広めていくよう地域支援と一体的な取組みが期待されます。

Point 6　継続的な関わりのプロセスを評価する

　この事業の実績や成果をカウントすることの難しさが指摘されています。重層的支援体制整備事業は、特定の課題を解決するとともに、つながり続けるアプローチをめざした事業です。一つひとつのケースによってもゴールも異なり、プロセスをどう評価するかの共通認識が必要となっています。

Ⅱ 重層的支援体制整備事業の都内７つの実施地区の取組み

1 社協が受託している事業

東京都内では12区市で重層的支援体制整備事業が実施されているが、全ての区市で社協が何らかの事業を受託している。

	R３年度から実施		R４年度から実施					R５年度から実施				
	世田谷区社協	八王子市社協	墨田区社協	中野区社協	立川市社協	狛江市社協	西東京市社協	大田区社協	渋谷区社協	豊島区民社協	調布市社協	国分寺市社協
包括的相談支援事業	○	○	○		○	○	○		○	○	○	○
多機関協働事業	○	○	○		○	○	○				○	○
アウトリーチ等を通じた継続的支援事業		○				○	○	○	○	○	○	○
参加支援事業		○	○	○	○		○	○	○	○	○	○
地域づくりに向けた支援事業		○	○		○	○	○	○	○	○	○	○

図　令和５年度　重層的支援体制整備事業の各事業における都内区市町村社協の受託状況

単位：社協数

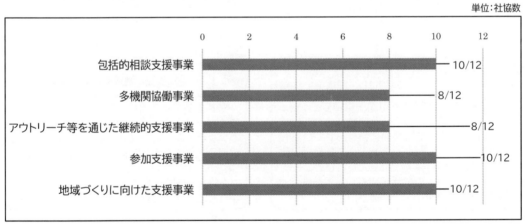

- 包括的相談支援事業 10/12
- 多機関協働事業 8/12
- アウトリーチ等を通じた継続的支援事業 8/12
- 参加支援事業 10/12
- 地域づくりに向けた支援事業 10/12

図　実施地区の社協受託している事業数

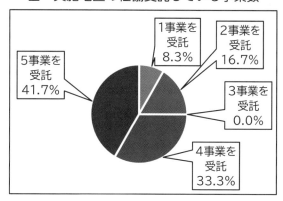

包括的支援体制を構築する手段としての「重層的支援体制整備事業」

包括的な支援体制の整備　（社会福祉法106条の3）
　市町村は、次に掲げる事業の実施その他の各般の措置を通じ、地域住民等及び支援関係機関による、地域福祉の推進のための相互の協力が円滑に行われ、地域生活課題の解決に資する支援が包括的に提供される体制を整備するよう努めるものとする。

「住民に身近な圏域で」一　地域福祉に関する活動への地域住民の参加を促す活動を行う者に対する支援、地域住民等が相互に交流を図ることができる拠点の整備、地域住民等に対する研修の実施その他の地域住民等が地域福祉を推進するために必要な環境の整備に関する施策	**地域福祉に関する活動への地域住民の参加を促す活動を行う者**＝地域福祉コーディネーター等 **地域住民等が相互に交流を図ることのできる拠点**＝多世代・多機能型の拠点 **地域住民等に対する研修**＝地域における担い手の育成
二　地域住民等が自ら他の地域住民が抱える地域生活課題に関する相談に応じ、必要な情報の提供及び助言を行い、必要に応じて、支援関係機関に対し、協力を求めることができる体制の整備に関する事業	**地域住民の相談を包括的に受けとめる場**＝アウトリーチを通じた困りごとの把握＝（分野や対象を限定しない）福祉何でも相談
「区市町村圏域で」三　生活困窮者自立支援法第三条第二項に規定する生活困窮者自立相談支援事業を行う者その他の支援関係機関が、地域生活課題を解決するために、相互の有機的な連携の下、その解決に資する支援を一体的かつ計画的に行う体制の整備に関する施策	**地域生活課題を解決するために、有機的な連携**＝多機関の協働

▷　区市町村が社会福祉法で構築を努めるものとなっている「包括的支援体制」を構築するうえで、重層的支援体制整備事業を通じてどのように「地域福祉コーディネーター」を配置するか、「多世代・多機能型拠点」をどのように設置するか、「地域住民の相談を包括的に受けとめる場」をどのように構成するかは、重要なポイントとなっている。

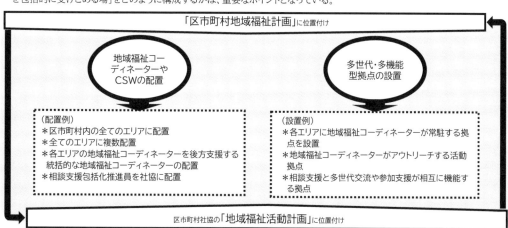

2 地域福祉コーディネーター等の配置状況

〇地域福祉コーディネーター（または、コミュニティソーシャルワーカー）は各圏域に複数名を配置することを通じて、より一層アウトリーチしやすくするとともに、その活動に継続性を持たせることができている。

〇さらに、全域を統括する地域福祉コーディネーターを置くことで、各圏域におけるネットワークや取組みの工夫を圏域の地域福祉コーディネーターが共有できるとともに、圏域を超えて取り組むべき課題を明確にしやすくなっている。地域福祉コーディネーターと別に相談支援包括化推進員を兼務でなく社協に配置する取組みもみられる。

〇地域福祉コーディネーターは地域にアウトリーチすることが基本となる。毎朝、事務所でミーティングしてから地域へと出向く方式、圏域の出先に配置されており、定期的に集まり情報交換する方式など、さまざまな形態が登場している。

〇地域福祉コーディネーター以外の他部署の全職員も分担して「地区担当制」をとることで、社協全体で地域を支援する機運を高めるとともに、地域福祉コーディネーターと地区担当が連携することで、地区担当が継続的に地域と関わるなかで地域福祉コーディネーターがよりその専門性を発揮しやすくする取組みもみられる。

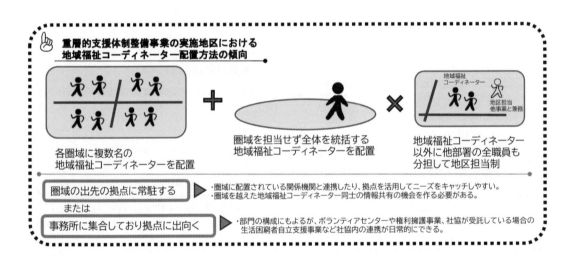

表　実施地区における地域福祉コーディネーターの配置状況

世田谷区社協	令和5年度から担当職員1名増。令和6年度からは、重層的支援体制整備事業が「ひきこもり」の課題限定ではなく、区内5地域の保健福祉センターに拡がる。5地域の社協事務所に28地区のまちづくりセンターに出向き業務に当たる地区担当職員（＝第2層生活支援コーディネーター）が各地区2名ずつの体制で配置されている。
八王子市社協	はちまるサポート13か所にCSW24名（うち嘱託職員13名、令和5年度から2名増）、多機関協働CSW3名。また、住民参加にとる個別課題や地域課題の把握のため、説明会を開き、「はちまるサポーター」を養成している。
墨田区社協	令和5年度から常勤2名増員で、常勤4、非常勤2。地域福祉プラットフォーム事業に2名体制で従事できるようになった。令和6年度には地域福祉プラットフォームの開設場所を増やし事業の充実を図るうえで常勤3名増員を予定。
中野区社協	地域の居場所立上げ・運営支援事業が廃止となり配置された1名減となったが、ひきこもり支援事業の強化で社協受託職員1名増。令和6年度は社協独自で重点地域に地域福祉コーディネーターをモデル的に配置する予定。
立川市社協	地域福祉コーディネーター2名×6圏域＝12名、相談支援包括化推進員2名。令和5年度からの人数の変更はなし。
狛江市社協	コミュニティソーシャルワーカー（相談支援包括化推進員を兼ねる）1名×3圏域＝3名。令和5年度からの人数の変更はなし。
西東京市社協	地域福祉コーディネーター2名×4圏域＝8名。令和5年度からの人数の変更はなし。
大田区社協	4つの基本圏域ごとに3〜5名のチームによる地域福祉コーディネーターを15名。全体を統括する係長を1名配置している。将来的には、18の日常生活圏域に各1名以上の配置をめざしている。地域福祉コーディネーターと係長職を除く常勤職員全員による「地区担当職員」を平成28年度から区内18か所の日常生活圏域ごとに配置している。
渋谷区社協	4つの日常生活圏域に3名ずつを配置する地域福祉コーディネーター兼生活支援コーディネーター　を13名（うち、1名は統括）配置している。
豊島区民社協	8つの区民ひろばをエリアにコミュニティソーシャルワーカー16名を配置。重層的支援体制整備事業を開始した令和5年度からの人数の変更はなし。併せて部署を問わない全正規職員による「地区担当制」もとっており、8つの各圏域にコミュニティソーシャルワーカー2名と地区担当者3名程度の体制をとっている。
調布市社協	8つの福祉圏域に地域福祉コーディネーター1名、地域支え合い推進員1名をそれぞれ配置している。令和5年度からの人数の変更はなし。
国分寺市社協	地域福祉コーディネーター（相談支援包括化推進員を兼ねる）2名×2圏域＝4名。移行準備期間中の令和4年度に1名増員、本格実施からの5年度から1名増員。

3　活動拠点の整備状況

　多世代・多機能型の拠点の位置づけは、重層的支援体制整備事業において、それぞれの地域でさまざまな形態がみられる。地域域福祉コーディネーターが常駐する拠点もあれば、圏域にある拠点に出向く地域もある。また、公共施設を活用する場合もあれば、空き家などを活用する居場所もある。それらの拠点は基本的には世代や属性を超えた地域住民にとっての活動拠点であり、その交流を通じて居場所であったり、相談の機能をもつことができている。

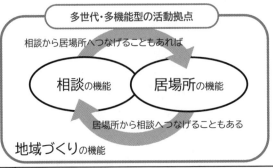

※常設の拠点や居場所に限らず、週1回の開設であったり、さまざまな団体で同じ場所をシェアしていることも少なくない。担い手の関わりやすさも大切になっている。

世田谷区社協	行政の総合支所単位に5つの地域社協。まちづくりセンター、地域包括支援センター、社協が3者で担う「福祉の相談窓口」が28地区に設置。
八王子市社協	「はちまるサポート」12か所に地域福祉コーディネーターが常設している。
墨田区社協	「地域福祉プラットフォーム」3か所。週2回開設し、地域福祉コーディネーターが2名体制で出向き、居場所と相談の機能を役割分担して発揮することができている。
中野区社協	15の区民活動センター圏域で社協職員が他の業務を兼務しながら地域担当制。同圏域に区が直営でアウトリーチチームを設置している。
立川市社協	多機能拠点である「地域福祉アンテナショップ」の設置を各圏域においてすすめている。
狛江市社協	あいとぴあエリアの「よしこさん家」、こまえ正吉苑エリアに「野川のえんがわこまち」があり、これらは空き家を活用した拠点。もう一つのエリアのこまえ苑エリアに市として多世代・多機能型拠点「ふらっとなんぶ」を整備。
西東京市社協	地域福祉コーディネーターは市内2か所の「ほっとネットステーション」に配置しており、小地域福祉活動で誰もが集える場として「地域活動拠点」を8か所整備。
大田区社協	多機関協働を区直営で4つの地域庁舎にある各地域福祉課の地域包括ケア推進担当が担っている。
渋谷区社協	文化総合センター大和田に「なんでも相談窓口」の分室を設置し、夜間の相談受付のほか、民生児童委員と公共施設・各地域で開催しているサロン等を活用した区内巡回型の地域相談に取り組む。
豊島区民社協	コミュニティソーシャルワーカーは毎日、事務所から区内8か所の「地域区民ひろば」をはじめとした公共施設を活用し、世代や属性を超えて交流できる身近な地域の居場所づくり等に取り組んでいる。
調布市社協	各地域に拠点は置かず、8つの福祉圏域に地域福祉コーディネーターが出向き、地域担当が配置されている地域支え合い推進員、市民活動支援センター、6つのボランティアコーナーと連携しながら取組みをすすめている。
国分寺市社協	世代や属性を超えて地域住民同士が交流できるまちの拠点づくりを地域福祉コーディネーターが住民主体ですすめている。

4　包括的相談支援事業

　総合相談窓口や福祉丸ごと相談窓口を開設さえすれば、そこで複合的な課題をすべて受けとめることができ課題解決がすすむわけではない。重層的支援体制整備事業では、既存の分野別の相談支援機関が包括的相談支援に参画し、お互いの機能を理解し連携を高めながら複合的な課題に対応していくことこそが重要になる。

　下図は、「地域住民の相談を包括的に受けとめる場」は、①既存の相談支援機関による包括的相談支援に、②連携強化、③地域福祉コーディネーターによるアウトリーチによる包括的相談支援、④総合相談窓口による包括的相談支援、⑤対象を重点化した窓口等による包括的相談支援を加えた全体を通じることで成り立っていることを示している。

①既存の相談支援機関による包括的相談支援

・地域包括支援センター
・子ども家庭支援センター
・障害者相談支援事業所
・生活困窮者自立相談支援センター 等

③地域福祉コーディネーターのアウトリーチによる包括的相談支援

・各圏域にアウトリーチする地域福祉コーディネーター（全地区）
・「地域福祉プラットフォーム」（3カ所）の CSW（墨田区社協）
・「区民ひろば」（8カ所）で CSW が相談会（豊島区民社協）
・12カ所の「はちまるサポート」の CSW、住民参加で個別・地域課題を早期発見につなぐ「はちまるサポーター」（八王子市社協）
・社協の全職員による15の地域担当制（中野区社協）
・サロン等を活用した「巡回相談」（渋谷区社協）

②連携強化

・コーディネーター連絡会で包括的相談支援を担う既存の相談支援機関と複合的な課題のあるケースを事例検討（国分寺市）
・各相談支援機関が相談を受けた際の流れを整理し、複雑化・複合化した課題があるか判断できる受付様式を整理（八王子市）
・相談支援包括化推進員を市と社協のそれぞれに配置（立川市）
・「困窮相談振り分け会議」でポストコロナの生活困窮者の相談ケースのうち、重層的支援体制整備事業での対応が必要なケースを精査（立川市）
・複雑化・複合化し調整が必要なケースをDCP（デジタルコミュニケーションプラットフォーム）で直営の多機関協働につなぐ（渋谷区）
・市と社協に配置する相談支援包括化推進員に情報を集約するため、「つなぐシート」を作成（狛江市）

④総合相談窓口等による包括的相談支援

・自主事業の「福祉なんでも相談」（墨田区社協）
・区内28地区でまちづくりセンター、地域包括支援センター、社協の三者が連携した「福祉の相談窓口」（世田谷区社協）
・「福祉なんでも相談窓口・分室」（渋谷区社協）
・自主事業の「福祉何でも相談」（中野区社協）
・市役所内に毎週水曜日に「福祉の総合相談窓口」を令和6年度は東西各圏域に月1回程度出張して実施（国分寺市社協）
・市内2カ所の「ほっとネットステーション」で地域福祉コーディネーターが市の他部署と連携して「福祉丸ごと相談窓口」（西東京市社協）

⑤対象を重点化した窓口等による包括的相談支援

・社協が受託するぷらっとホーム世田谷（生活困窮者自立相談支援センター）とメルクマールせたがや（若者相談窓口）が連携して運営する「ひきこもり相談窓口」（世田谷区社協）
・市地域福祉課に「ひきこもり」「ヤングケアラー」の相談窓口（立川市）

5　多機関協働事業

　多機関協働事業では、支援会議は守秘義務をかけつつ、庁内を含めたさまざまな関係者に参加を呼びかける必要があり、会議の招集は行政の立場で行う方が関係者を集めやすい。他機関協働事業の受託の有無に関わらず、社協は関係する会議に参加するなど一定の役割をもって関わっている。

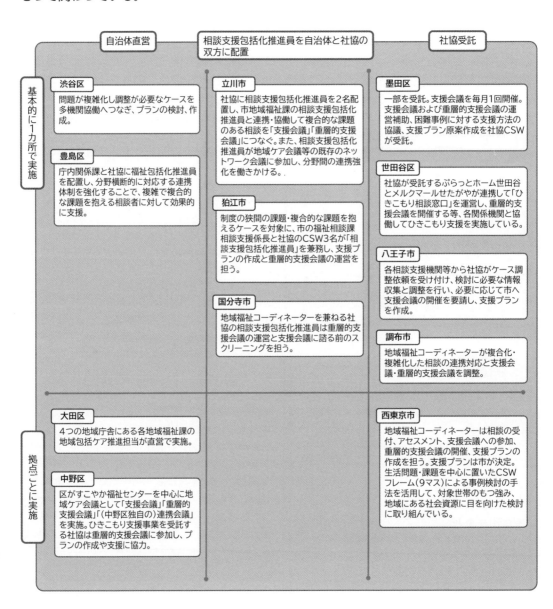

自治体直営

相談支援包括化推進員を自治体と社協の双方に配置

社協受託

基本的に1カ所で実施

渋谷区
問題が複雑化し調整が必要なケースを多機関協働へつなぎ、プランの検討、作成。

豊島区
庁内関係課と社協に福祉包括化推進員を配置し、分野横断的に対応する連携体制を強化することで、複雑で複合的な課題を抱える相談者に対して効果的に支援。

立川市
社協に相談支援包括化推進員を2名配置し、市地域福祉課の相談支援包括化推進員と連携・協働して複合的な課題のある相談を「支援会議」「重層的支援会議」につなぐ。また、相談支援包括化推進員が地域ケア会議等の既存のネットワーク会議に参加し、分野間の連携強化を働きかける。

狛江市
制度の狭間の課題・複合的な課題を抱えるケースを対象に、市の福祉相談課相談支援係長と社協のCSW3名が「相談支援包括化推進員」を兼務し、支援プランの作成と重層的支援会議の運営を担う。

国分寺市
地域福祉コーディネーターを兼ねる社協の相談支援包括化推進員は重層的支援会議の運営と支援会議に諮る前のスクリーニングを担う。

墨田区
一部を受託。支援会議を毎月1回開催。支援会議および重層的支援会議の運営補助、困難事例に対する支援方法の協議、支援プラン原案作成を社協CSWが受託。

世田谷区
社協が受託するぷらっとホーム世田谷とメルクマールせたがやが連携して「ひきこもり相談窓口」を運営し、重層的支援会議を開催する等、各関係機関と協働してひきこもり支援を実施している。

八王子市
各相談支援機関等から社協がケース調整依頼を受け付け、検討に必要な情報収集と調整を行い、必要に応じて市へ支援会議の開催を要請し、支援プランを作成。

調布市
地域福祉コーディネーターが複合化・複雑化した相談の連携対応と支援会議・重層的支援会議を調整。

拠点ごとに実施

大田区
4つの地域庁舎にある各地域福祉課の地域包括ケア推進担当が直営で実施。

中野区
区がすこやか福祉センターを中心に地域ケア会議として「支援会議」「重層的支援会議」「（中野区独自の）連携会議」を実施。ひきこもり支援事業を受託する社協は重層的支援会議に参加し、プランの作成や支援に協力。

西東京市
地域福祉コーディネーターは相談の受付、アセスメント、支援会議への参加、重層的支援会議の開催、支援プランの作成を担う。支援プランは市が決定。生活問題・課題を中心に置いたCSWフレーム（9マス）による事例検討の手法を活用して、対象世帯のもつ強み、地域にある社会資源に目を向けた検討に取り組んでいる。

重層的支援体制整備事業の2つの会議体と「個人情報」

支援会議

出席者に守秘義務

本人の同意を得られていない
潜在的な課題を抱えるケースが対象

関係機関が把握しながらも支援が届いて
いないケースについて情報を共有し、必要
となる支援のアプローチを検討

重層的支援会議

支援プラン

関係機関との情報共有について
本人の同意を得たケースが対象

本人同意のもとに支援のためのプランを
作成し、支援の取組みの進捗を評価した
り、不足する社会資源の開発を検討

　重層的支援体制整備事業では、改正社会福祉法第106条に基づく「支援会議」が位置付けられている。同会議では参加者に守秘義務をかけることによって、本人の同意はまだ得られてないが地域で支援が必要とされているケースについて、必要となる支援のアプローチを必要な関係者で検討する機能が期待されている。

　法律上、守秘義務をかけることで本人同意を必要とせずに開催できる会議体は、他にも生活困窮者自立支援法における「支援会議」、児童福祉法における要保護児童対策の「個別ケース検討会」、介護保険法における「地域ケア会議における個別ケア会議」があるが、重層的支援体制整備事業の「支援会議」は、分野を特定せずに関係者を集めやすいことがそのメリットとして考えられる。7つの実施地区でも、本人からの同意が得られてから支援プランを検討する「重層的支援会議」よりも、まずは「支援会議」を積極的に活用し、潜在的な課題を抱えるケースへの支援が検討されることが多くなっている。

6　アウトリーチ等支援事業、参加支援事業、地域づくりに向けた支援事業

（1）アウトリーチ等を通じた継続的支援

八王子市社協	はちまるサポートを拠点としたCSWによるアウトリーチの実施、支援プランの作成。
墨田区社協	複雑化・複合化した課題を抱える方の自宅を訪問し、面談を行うなど適切な支援を届ける。本人と直接かつ継続的に関わるための信頼関係の構築や、つながりづくりに力点を置いた支援を行う。
立川市社協	市地域福祉課に２名のアウトリーチ専門員を配置。相談支援包括化推進員や地域福祉コーディネーターと随時連携。
狛江市社協	長期にわたりひきこもりの状態にある方へのパーソナルサポート事業を調査研究。
西東京市社協	地域福祉コーディネーター事業により支援が届いていない人に支援を届けたり、各種会議、関係機関とのネットワークや地域住民とのつながりの中で潜在的な相談者を見つける。本人との信頼関係の構築に向けた支援に力点を置く。
渋谷区社協	地域福祉コーディネーターが複雑化・複合化した方を抱えながら支援が届かない人・世帯を把握。把握された対象者と信頼関係を築き支援につなげる。多機関協働ケースでは長期的な伴走支援。
豊島区民社協	CSWが区と連携し、自ら支援を求めることができない人に自宅訪問等を実施し、適切な窓口につながるまで支援を継続。
調布市社協	個別相談対応や地域づくりにおける関係構築や途切れない相談対応。
国分寺市社協	地域福祉コーディネーターが、ひきこもり状態にある方等への支援を行う。

（2）参加支援事業

八王子市社協	生きづらさを抱え、孤立状態にある方々の支援方策として「はちまるファーム」。
墨田区社協	「地域福祉プラットフォーム」を拠点とし、CSWが関係機関と連携し支援を行う。
中野区社協	「福祉何でも相談」の取組みを活かし、ひきこもり支援事業として、相談窓口の設置、情報発信、アウトリーチを通じた継続的な支援、居場所づくり・家族支援、ネットワークづくりに取り組む。
立川市社協	社会福祉法人のネットワークを通じて、各法人・事業所の特性を活かした場づくりを検討。
狛江市社協	東京社会福祉士会が受託する生活困窮者支援「こまYELL」の就労支援事業に社協が連携先として協力。
西東京市社協	地域福祉コーディネーター事業により、社会とのつながりを作るための支援を行う。利用者のニーズをふまえた丁寧なマッチングメニューを作る。本人への定着支援と受け入れ先を支援する。
大田区社協	本人の希望に応じた社会参加の場に定着するまでの支援とフォローアップ。地域参加・社会参加の場の見える化と協力者の促進に取り組んでいる。
渋谷区社協	地域福祉コーディネーターが中心となり、既存の社会参加に向けた事業では対応できない独自性が強く複雑で多様なニーズに対応するため、本人・世帯の支援ニーズと地域資源のコーディネートを行う。

豊島区民社協	社協でくらし・しごと相談支援センターも受託しており、地域の社会資源を活用して、一人ひとりの状況や課題に応じたオーダーメイドの支援を行う。
調布市社協	個別相談からのニーズに対応し社会参加を促すしくみづくりや受け皿の創出。専門機関や地域住民、企業等へも働きかけ、地域づくり事業との連動性も意識する。
国分寺市社協	本人等の支援ニーズと既存の社会資源を調整し多様な社会参加の実現をめざす。

（3）地域づくりに向けた支援

八王子市社協	ひきこもりや社会的孤立の課題について、市民フォーラムで啓発を実施。
墨田区社協	地域福祉プラットフォームを会場として、地域住民を対象に勉強会や活動者を育成するための研修会等を実施。
立川市社協	住民主体の多機能型拠点として「地域福祉アンテナショップ」の各圏域における設置をめざしている。
狛江市社協	地域を支える福祉人材を育成する「福祉カレッジ」を毎年開催するとともに、3つのエリアに修了生とさまざまな関係者による「福祉のまちづくり委員会」を通じた地域づくりをすすめる。また、市内の空き家を利用した多世代交流拠点を拠点に地域課題の解決に取り組む。
西東京市社協	地域福祉コーディネーターや既存の部署の地域づくり事業に関する取組みを整理し、地域活動の活性化を促す。
大田区社協	地域の多様な主体との関係づくりを通じて把握した個別課題から地域課題を分析し、地域で協力してくれる多様な主体の参画を増やす。
渋谷区社協	既存の地域づくりの取組みを活かしつつ、地域の多様な活動からつながるプラットフォームを開所する。NPO団体や地域団体と交流会（シブヤロコミュ）を開催、支援関係機関につなぎ、地域ネットワークを強化する。
豊島区民社協	CSWや生活支援コーディネーターが、地域区民ひろばをはじめとした公共施設等を活用し、世代や属性を超えて交流できる身近な居場所やサロン等の活動場所を作っていく。
調布市社協	地域福祉コーディネーター、生活支援コーディネーターによる地域づくり支援のほか、社協が受託している、障害者地域活動支援センタードルチェによる居場所、こころの健康支援センターによるプログラム、子ども若者総合相談事業「ここあ」による居場所・学習支援。
国分寺市社協	地域福祉コーディネーターが、空き家を活用した居場所づくり、ひきこもり当事者会及びその家族会の立ち上げ支援等を行っている。

7　重層的支援体制整備事業による成果と課題

成果と感じていること

▶【行政と社協の役割分担】▶▶

（1）自治体と社協の具体的な役割分担や連携について意見交換がすすんだ。

　⇒緊急性や介入の必要性が高いケースは自治体の相談支援包括化推進員が中心に対応し、地域とのつながりが必要なケースは社協の地域福祉コーディネーターや相談支援包括化推進員が対応など

▶【支援会議の活用】▶▶

（2）これまで個人情報保護の壁で支援に行き詰っていたケースでの検討が支援会議を活用してすすんだ。

▶【新しい連携】▶▶

（3）これまで情報共有する機会が少なかった支援機関と連携できるようになった。

▶【支援機関同士が互いに役割を理解】▶▶

（4）家族それぞれの課題に対応している複数の支援機関がお互いの支援内容を確認できるようになった。

▶【課題解決に向けた世帯の全体像の把握と優先順位】▶▶

（5）複合的な課題を抱える世帯に関わる関係機関が情報を寄せることで、世帯全体の課題を俯瞰しながら解決すべき課題の優先順位を確認したり、本人の強みを活かした支援が意識されるようになった。

▶【社協内のボランティアセンター、権利擁護、生活困窮者自立支援、社会福祉法人のネットワーク、福祉資金等との連携】▶▶

（6）社協内でも各事業において複合的な課題を抱えるケースがあることが意識されるようになった。社協内の連携のための情報共有も重要となっており、重層的支援体制整備事業を担当する部署を生活困窮者自立支援制度の窓口やボランティアセンターに置く地域も出てきている。

▶【これまで取り組んできたい地域づくりへの認知の高まり】▶▶

（7）重層的支援体制整備事業として実施することで、これまで取り組んできた地域づくりのための事業が関係機関からも認知されやすくなった。また、重層的支援体制整備事業という枠組みで他の区市町村における地域づくりとの比較検討がしやすくなった。

▶【予防的な関わりの大切さの共有】▶▶

（8）個別支援の課題を解決する参加支援に限らず、予防的な参加支援の大切さが認識されるようになった。

課題と感じていること

▶【総合相談ありきでなく】▶▶

（1）福祉丸ごと相談の窓口が全て対応するのではなく、既存の各分野の相談窓口において、複合的な課題への対応力や世帯支援、分野横断の視点を強化できるかが課題。

▶【専門機関とインフォーマルな機関との連携】▶▶

（2）地域の困りごとはインフォーマルな活動が把握していることも少なくない。相談窓口を担う機関とインフォールな地域活動が連携していくことが必要。

▶【地域づくり⇔参加支援⇔相談支援の循環】▶▶

（3）地域福祉コーディネーターが個別ケースに関わる機会が増えたが、社協だけでは課題解決は難しく、課題を地域の関係者が共有するプラットフォームづくりや新たな連携が必要となる。個別支援の要素が強くなる中、これまで社協が市民と協働して取り組んできた地域づくりや参加支援との関連を共通認識にできることが必要

▶【地域福祉コーディネーターのスキルアップ】▶▶

（4）地域福祉コーディネーターが増員される中、職員のスーパービジョンや研修に一層力を入れていくことが必要。

▶【地域における若者支援】▶▶

（5）社会的に孤立している方々の地域の受け皿が少ない。特に若者への支援が少ない。

▶【新たな課題に対応する適切な実施体制の確保】▶▶

（6）これまでに積み上げた実践を制度化するものであっても、新たなケースや関わりの難しいケースや新たな資源開発も増える。そのため、適切に人員を配置する必要がある。

▶【数値化しにくい取組み実績のカウント】▶▶

（7）個別ケースの関係形成には長い時間が必要。その進捗を数値化することが難しい。

▶【情報共有システム】▶▶

（8）多機関が連携して支援に取り組むうえで共通の情報システムが必要となっている。

▶【委託事業においても柔軟な地域づくり】▶▶

（9）委託事業になることで、これまでは地域の声をふまえて創造的かつ柔軟に取り組めたことが事前の了解が必要となり、それが制限になることもある。

▶【福祉以外の関係機関との連携】▶▶

（10）重層事業そのものがめざすものへの理解を関係機関に浸透させるとともに、福祉以外の分野との連携（例、医療機関、警察、権利擁護分野など）を広げていくことが必要。

8　重層的支援体制整備事業を活用して課題解決をすすめているケース

　複合的な課題として、実施地区では以下のようなケースが重層的支援体制整備事業を活用することで課題解決に取り組まれている。

重層的支援体制整備事業を活用して課題解決をすすめられているケース

コロナ禍で顕在化した複合的な課題

①　世帯構成員に複数の課題があり、その課題が複雑に絡み合っているケース

≒

課題1
2世代、3世代や複数の世帯員にそれぞれ課題

②　長期にわたり福祉サービスや医療につながっておらず、地域から孤立しているケース

≒

課題2
複合的な課題があるとともに、支援を拒否

③　支援会議を通じて課題を整理しアウトリーチすることで、関係形成を図ることのできるケース

≒

課題3
コロナ禍に孤立や困窮が課題をより複雑化

④　地域の拠点（多世代交流の居場所、相談の場）などを活用し、複数の支援機関が役割分担し世帯に継続的に関わることのできるケース

≒

課題4
単一の機関は領域外の課題解決が困難

次頁のコロナ禍に顕在化した複合的な課題1～4とおおむね一致

例）ひきこもりのいる8050世帯、要介護高齢者とひきこもりの若者の世帯、精神疾患を抱える複数の家族のいる世帯、認知症の母親と発達障害の息子が暮らす世帯、精神疾患のある母親と下肢障害等で仕事を辞めて自宅で過ごしている息子のいる世帯、高齢者の母親と同居していた息子の母親が亡くなり集合住宅の更新手続きができずに顕在化した世帯、親子の折り合いが悪くこれからの希望も親子で異なる世帯、ヤングケアラーのいる世帯が抱える複合的な課題、外国籍の居住者、家族間不和など複合的な課題を抱える世帯

　重層的支援体制整備事業を活用することで課題解決に取り組まれているケースは、令和４年９月に「コロナ禍で顕在化した地域課題への区市町村社協の取組状況アンケート」を通じて把握した「複合的な課題」ともおおむね一致している。

　同アンケートでは、課題に対応した取組みとして６つのアプローチが挙げられている。そこでは、一つひとつのケースに応じ、①アウトリーチを通じた把握、②本人を主体とした課題解決への寄り添い、③関係機関との情報共有、④支援の提供の際に相談もセットにすること、⑤専門機関へのつなぎ、⑥地域活動へのつなぎが大切にされている。重層的支援体制整備事業においても、複合的な課題に対応する取組みとしてこれらの視点は重要と考えられる。

複合的な課題

課題に対応した取組み	複合的な課題
(1)地域福祉コーディネーターやCSWがアウトリーチを行い、相談や課題発見を行う。	**課題1** 2世代、3世代や複数の世帯員にそれぞれ課題 ○高齢者と障害のある子、障害のある孫のいる世帯など2〜3世代に課題がわたる。 ○精神的に不安定な配偶者と発達障害のある子を同時に世話している。 ○ひきこもりの相談が増え、相談者である家族、本人の双方を含む世帯を捉える難しさ。 ○障害のある子への親からの支援の必要が増え、その兄弟姉妹がフラストレーション。 ○要介護の親の介護のために不登校となっている子どもがいる世帯。　　など
(2)社協内での連携をすすめる。	**課題2** 複合的な課題があるとともに支援を拒否 ○家賃滞納、ゴミ屋敷となっている世帯が夫婦とも病気や障害を抱えるが支援を拒否。 ○家庭の状況を知られたくない世帯への対応が難しい。 ○支援を拒否する家族がいるため、本人の障害や疾患に支援が届かない。 ○相談したことはあるが具体的な生活支援につながらなかったので、相談をあきらめる。 ○コロナを理由に訪問や通所を拒否してしまう。　　など
(3)関係機関が情報を共有し、支援のアプローチや課題の解決に向けた取組みを検討する。	**課題3** コロナ禍による孤立や困窮が課題をより複雑化 ○コロナ禍の外出や交流の自粛に伴い、高齢者の孤立化が深刻化している。 ○生きづらさを抱える人たちがコロナ禍の閉塞感によって、一層孤立を深めている。 ○ひとり親家庭が失業や減収によって生活困窮が深刻化している。 ○オンラインや宅配で物資や食事が手に入り、人と関わりがないまま課題が複雑化。 ○困窮の長期化が病気や障害の悪化を招き、重篤なケースになってしまう。 ○コロナ禍の困窮を親の年金や財産に依存し、それが経済的な虐待に発展。　　など
(4)制度のはざまにある課題への取組みを行う。	**課題4** 単一の機関では領域外の課題解決が困難 ○分野別の相談機関が本人ではない家族の課題をどこに相談してよいかわからない。 ○一つの相談機関では解決できない課題を調整し、その解決を促進する機能がない。 ○つなぎ先がない、親が亡くなってしまうまで支援が入らない。　　など
(5)個別支援を地域づくりにつなげる。	**課題5** 潜在化している課題が発見されずに複合化 ○複合的な課題へ発展する前の課題が潜在化しており、顕在化した時には深刻化。 ○自ら相談できる力を持ち得ていない世帯が多い。 ○コロナ禍では対面の相談や相談につながるサロンや懇談会が減っている。複合的な課題は特にオンラインでは具体的把握が難しい。 ○不登校に対応した支援ができなかったことが、長期のひきこもりへつながっている。 ○負債を抱えているものの、解決策がわからず放置して新たな課題が生まれる。　　など
(6)コロナ禍で途絶えたつながりを回復する。	

『コロナ禍で顕在化した地域課題への区市町村社協の取組み状況アンケート結果』より（令和5年12月実施）

複合的な課題に対応した取組みのプロセス例

【複合的な課題】
* 世帯構成員に複数の課題があり、その課題が複雑に絡み合っているケース
* 長期にわたり福祉サービスや医療につながっておらず、地域から孤立しているケース
* 課題を整理し複数のアプローチをすることで、関係形成を図ることができるケース
* 複数の支援機関が役割分担し、世帯に継続的に関わることのできるケース

例）ひきこもりのいる8050世帯、要介護高齢者とひきこもり状態にある息子が暮らす複数の課題を抱える家族のいる世帯、認知症の母親と発達障害の息子が暮らす世帯、精神疾患のある母親と認知症の祖母を介護しながら自宅で生活している息子のいる世帯、高齢者の母親と同居していない息子との集合住宅の更新手続ができずに顕在化した世帯、ヤングケアラーのいる世帯、外国籍に関わる多様な課題を持つ親子も希望する子からの希望をくみ取る悪しき折り合いが悪く親子を親子も希望する家族間不和など

発見と把握

課題の解決

インフォーマル（＝地域住民）

フォーマル（＝専門性を有する機関）

(1) 本人が主体的に課題の解決へとすすむことに寄り添い、支援する

① 地域福祉コーディネーター等のアウトリーチを通じて、相談や課題の発見の機会を増やす

② どこに相談すればよいかわからない相談を受けとめる総合相談機能を設ける

③ 既存の相談支援機関が分野を超えた相談を受けとめ、他の機関と連携する

④ 当面の支援の提供を通じて相談者の支援機会につなげる（＝相談付き支援）

⑤ 「○○相談窓口」といった、対象を重点化した窓口を設ける

(2) 本人の強みを活かしたチームによる支援

支援につなげるために必要なアプローチを検討する

⑥ 関係機関や多様な活動主体がお互いの役割を知ることとに、情報を共有し、

⑦ 本人の強みを発揮するとともに、同じ地域で暮らす地域住民ならではの取組みを促進する

⑧ 分野を超えた機関同士が連携して複合的な課題に対応

⑨ 福祉以外の分野とも積極的に連携

⑩ 地域における取組み等を通じて公益的な制度のはざまの課題に対応

(3) 地域における課題解決力を高める

⑪ 地域住民の理解と参加を促進する

⑫ ノウハウを蓄積して既存の機関の対応力を高める

⑬ 新しい社会資源の開発

事例 8

「福祉総合相談窓口」は相談を受けとめるツールの一つ。地域福祉コーディネーターのアウトリーチによる幅広い相談、既存の相談支援機関による相談の連携強化と合わせることで、包括的な相談支援を構築する。

―国分寺市社協における
重層的支援体制整備事業の取組み

　国分寺市は、令和5年度から「重層的支援体制整備事業」を本格実施しています。市では地域福祉計画に基づき、令和元年度から国のモデル事業に手を挙げて「包括的支援体制構築事業」を社協へ委託し、東西2圏域に1名ずつの地域福祉コーディネーターを配置しました。さらに、令和3年度からは重層的支援体制整備事業の「移行準備事業」に取り組み、地域の関係機関との共通理解を深めながら多機関協働事業をはじめとする各事業を試行してきました。合わせて準備期間を通じて計画的に人員体制を増員し、本格実施にあたっては、地域福祉コーディネーターは東西2圏域に4名まで増員し、市にも直営の相談支援包括化推進員を配置しています。

　国分寺市社協は平成18年度から小学校区を基盤とした小地域福祉活動「ここねっと」を推進してきました。それはボランティアセンターの地区担当の職員が小地域に出向き、既存の地域活動との関わりを深めながら新たな担い手にもつなげる取組みを積み重ねるもので、その後の地域福祉コーディネーターの活動の礎となっています。

　重層的支援体制整備事業では、地域福祉コーディネーターは週に1回市役所第2庁舎1階に開設される「福祉の総合相談窓口」で相談に当たり、「どこに相談したらよいかわからない」といった困りごとに対応しています。他の曜日は地域へ積極的に出向き、相談を受けとめて、相談内容に応じて適切な支援機関につないだり、地域でのネットワークの構築、地域力の強化の推進に取り組んでいます。また、令和5年2月に開催した「コーディネーター連絡会」では、重層的支援体制整備事業で包括的相談支援を担う相談支援機関に呼びかけ、複合的な課題を抱える世帯の事例検討を通して、各機関のもつ役割の相互理解を高めました。国分寺市では「福祉の総合相談窓口」に複雑化・複合化した課題を集約して解決するのではなく、地域福祉コーディネーターによるアウトリーチ、そして既存の分野別相談支援機関の持つ力を活かして市内全体の総合相談の機能を高めていこうとしています。

〔ヒアリング日：令和5年9月1日〕

左から 国分寺市社会福祉協議会　地域福祉コーディネーター 山崎祐佳さん、地域福祉コーディネーター 川端真紀さん、地域福祉課長　北邑和弘さん、マスコットキャラクター ふくすけさん、地域福祉コーディネーター 野村拓夢さん、地域福祉コーディネーター 川合真由美さん

国分寺市の重層的支援体制整備事業の全体像

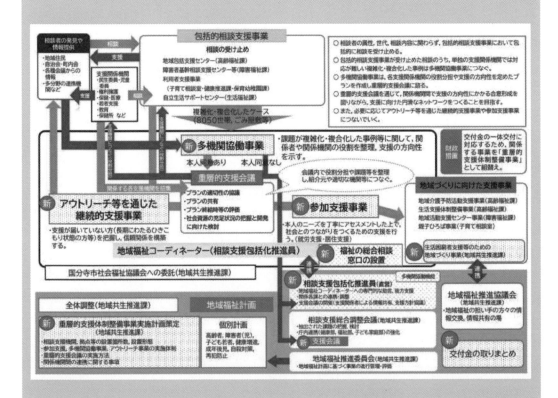

特徴

1 東西2圏域に「地域福祉コーディネーター」を4名配置
▶日常生活圏域である東西2圏域に社協の地域福祉コーディネーターを4名配置し、各圏域に複数体制をとる。市内6つの地域包括支援センターにそれぞれ配置されている第2層生活支援コーディネーターとも連携して地域活動に取り組む。

2 市の「相談支援包括化推進員」と社協の「地域福祉コーディネーター」が連携し多機関協働
▶市直営の相談支援包括化推進員を1名配置している。社協の地域福祉コーディネーターも相談支援包括化推進員を兼ねており、市と社協で役割分担しながら多機関協働を連携して実施する。

3 既存の「相談支援総合調整会議」を活用した多機関協働
▶市健康部、福祉部、子ども家庭部、教育部の相談支援に関する業務の総合調整等を図るため、部課長による調整会議、係長による担当者会議を既に設置しており、この会議体を多機関協働の「支援会議」として活用する。

4 「コーディネーター連絡会」における事例検討を通じて分野別の相談支援機関と連携
▶地域福祉コーディネーターが毎年開催する「コーディネーター連絡会」に包括的相談支援事業を担う分野別の相談支援機関を招き、複雑化・複合化した事例の検討を通じて相談支援機関同士の連携を強化している。

5 「福祉の総合相談窓口」は、既存の相談支援機関と連携した相談支援の一翼
▶市役所で週に1回、「福祉の総合相談窓口」を地域福祉コーディネーターが担っているが、地域福祉コーディネーターは地域に出向く相談を基本としている。「福祉の総合相談窓口」に複雑化・複合化した課題を集めるのではなく、相談につながるきっかけを、①地域福祉コーディネーターが地域に出向いて困りごとを見つける相談、②既存の分野別の相談支援機関による相談、③①や②以外に相談先がわからない相談のための福祉の総合相談窓口と、間口を広げて設定している。

6 地域福祉コーディネーターは、「参加支援」と「地域づくり」を一体的に実施
▶参加支援の場づくりを地域の関係者や住民とともに取り組むことで、地域住民からの理解につなげている。

Ⅰ 国分寺市における地域福祉計画、地域福祉活動計画

1 市内の圏域とさまざまに取り組まれてきた地域活動

　東京都のちょうど重心に位置する国分寺市は、人口128,401人（令和4年12月1日現在）の都市。市内は大きくは「日常生活圏域」である東西の2圏域に分けることができます。社協の地域福祉コーディネーターもその2圏域に配置しています。「東圏域」は、国分寺駅を中心に栄え、商業施設も多く、都心に向かうベッドタウンの一つとしてファミリー層が暮らし、それに伴い社会資源も多くあります。子ども食堂などの活動も盛んです。「西圏域」は、国立駅を中心とした街並みに農地や野菜の直売所などが多く広がっています。そうした景色を残しつつもこちらの圏域では住民層の世代交代が始まっており、農地だった土地に戸建ての家が建つようになり、新しい住民も暮らし始め、小学校のクラスも増加の傾向にあります。

　こうした2つの特徴のある圏域とともに、市内には、さまざまな地域活動のための圏域があります。例えば、地域包括支援センターは市内に6か所あり、5つの中学校区圏域には50年以上の住民参加活動を重ねてきた5つの公民館があります。そして、10の小学校圏域では社協が小地域福祉活動である「こくぶんじコミュニティネットワーク（ここねっと）」を推進してきました。

	圏域	主な活動
1	ご近所、自治会・町内会圏域	地域活動の発見、共有、見守り、声かけ、防犯・防災等
2	小学校圏域（10地区）	社協の「ここねっと」などの小地域福祉活動
3	包括区圏域（6地区）	6つの地域包括支援センター、6つの地域センター
4	中学校圏域（5地区）	5つの公民館活動における住民参加活動
5	日常生活圏域（2地区）	民生委員・児童委員協議会の圏域（東部地区・西部地区）、地域福祉コーディネーターを配置している圏域

2　小地域福祉活動「こくぶんじコミュニティネットワーク（ここねっと）」

　国分寺市社協では『第2期国分寺市地域福祉活動計画』（平成18～23年度）において、地域の特性に応じたコミュニティづくりをすすめるため、「こくぶんじコミュニティネットワーク（ここねっと）」の推進を計画に盛り込みました。市内には130を超える自治会・町内会があり、自治会等ごとにその規模も異なります。そうした中、小学校圏域（10地区）を一つの基盤とし、さまざまに取り組まれている地域活動のネットワークづくりをめざしました。そこで、社協では当時の「地域ボランティア担当」の職員4～6名が10の圏域を分担し地区担当として受け持ち、積極的に地域へと出向きました。この「ここねっと」は、小地域に何かメンバーを固定化するような協議体を作ることが目的ではありません。すでに自治会や公民館による長年の活動が盛んな地域もあります。そうした地域では、既存の会合に社協職員が参加させてもらい、例えば、「行事を実施したいが担い手が不足している」といった課題があれば、社協が市内の大学生たちに声をかけて新たなつながりを作ったこともありました。

　そもそも職員一人ひとりが担当地区をもつことは、継続的にその地域と関わる中でさまざまな関係者からも顔を覚えてもらったり、そのことを通じて情報も入りやすくなります。こうした地域に出向き、もともとある地域の力を大切にしながら小地域福祉活動をすすめるというノウハウは、その後の地域福祉コーディネーターの活動の礎になったと考えられます。

3　市の地域福祉計画と社協の地域福祉活動計画が連携

　国分寺市では、平成27年9月に『国分寺市地域福祉計画』を策定し、令和6年度までの10年の計画期間を「前期」「中期」「後期」に分けて各期間に『実施計画』を策定しています。その『実施計画』では、市として「包括的支援体制の構築」をめざし、「地域福祉の担い手の育成」「地域包括ケアの推進」「福祉の総合的な相談窓口体制の推進」が重点施策に盛り込まれました。一方、社協では、コロナ禍には交流機会の喪失や減少、複合的な課題を持つ世帯の表面化等の課題が顕在化した中、コロナ禍に社協が取り組んできた生活福祉資金特例貸付、住居確保給付金、生活困窮者等への緊急的な食料支援、おうちでできるボランティア事業、食料品の無料配布と暮らしの相談会をセットに実施した「コロナ禍の生活を応援します」事業などの経験もふまえ、令和4年3月に『第4期国分寺市地域福祉活動計画』を策定。そこでは、市の計画もふまえ、多様な地域課題に対応していく「包括的、重層的な支援体制の確立」を目標に掲げました。両計画の策定には社協と市からそれぞれ委員を出し合っています。

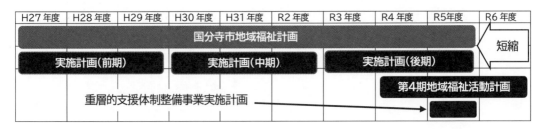

　なお、市では社会情勢の大きな変化をふまえ、現行の地域福祉計画の計画期間を１年間短縮し、次期計画を令和６年度からの計画として策定する予定です。そのため、市は令和５年度から重層的支援体制整備事業を本格実施する際、『国分寺市重層的支援体制整備事業実施計画』を令和５年度の単年度の計画として策定しました。今後の取組みについては、令和６年度から開始となる次期地域福祉計画と一体的に策定する予定です。

Ⅱ　包括的支援体制構築に向けて地域福祉コーディネーターを配置

　国分寺市では、平成27年４月の生活困窮者自立支援法の施行にあたり、社協に自立相談支援事業等を委託しました。その頃、市では平成30年の機構改革で「福祉保健部」が「福祉部」と「健康部」に分かれ、「健康部地域共生推進課」が新たに設置されました。この組織変更を通じて当時、市から社協へ委託事業が増えていた中、社協に関わる所管課が複数にわたるようになったため、改めて社協との連携窓口は「地域共生推進課」が中心に担うようになりました。

　地域共生推進課は、市の地域福祉計画で重点施策の一つに掲げられた「福祉の総合相談窓口の体制整備」も所管しています。この「総合相談窓口」については、地域福祉計画の『実施計画』（中期）の進捗状況評価で、「各分野における相談支援の体制整備が図られていることから、新たな窓口を設置するよりも、地域に根差した各相談支援機関や団体等の連携の強化による整備としていくことが必要」とされました。そうした体制を実現するため、庁舎内の担当部署間の情報共有と連携を強化するべく、平成30年度に「相談支援総合調整会議」（部課長による調整会議、係長による担当者会議）が庁内に設置されました。これにより庁内の関係部署が連携を深めることによる「総合相談窓口の機能」の強化がめざされました。

　また、市では地域の相談窓口について関係機関等に意見を聴取しました。そこでは、地域共生社会の実現と包括的支援体制構築に向けた取組みをすすめることを確認しています。そこで、令和元年度、国分寺市は国の「地域共生社会の実現に向けた包括的支援体制構築事業（＝地域共生モデル事業）」に手を挙げました。そして、このモデル事業を活用することで、市は国分寺市社協に「地域共生社会の実現に向けた包括的支援体制構築事業」を委託し、市

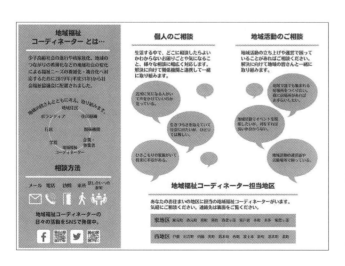

内を東西２圏域に分け、各１名の地域福祉コーディネーターを配置することになりました。この流れの中、地域福祉コーディネーターには「地域に出向き、幅広い相談を受けとめ、相談内容に応じて適切な支援機関につなぐとともに、地域におけるネットワークの構築、地域力強化の推進等に取り組む」という役割が市の地域福祉計画『実施計画』（後期）でも明確に位置付けられました。

さらに、令和２年度には「地域福祉コーディネーターの体制強化」として、新たに「補助職員」を社協に嘱託職員で１名増配置しました。これは地域福祉コーディネーターが記録作成等の業務に追われてしまうと、地域に出向いた取組みが十分にできなくなることから配置に至ったものです。

なお、生活支援コーディネーターは第２層生活支援コーディネーターが６つの地域包括支援センターに１名ずつ配置されており、高齢分野の地域課題にあたっては生活支援コーディネーターにも声をかけ一緒に地域づくりに取り組んでいます。

Ⅲ 本格実施に向けた「移行準備事業」の２年間

1 事業のスキームや方向性の検討

国分寺市では、令和３年度から「重層的支援体制整備事業　移行準備事業」に取り組みました。３年度には市の同事業所管課となった「地域共生推進課」は、庁内の関係部署と打ち合わせを重ね、前述の庁内担当部署を横断した「相談支援総合調整会議」で重層的支援体制整備事業について検討を行い、さらに、権利擁護センターこくぶんじ運営委員会、地域ケア会議、障害者地域自立支援協議会、要保護児童対策地域協議会、生活困窮者自立相談支援事業連絡会といった場でヒアリングを行いました。また、地域福祉計画に基づき、市が地域福祉の担い手の方々の情報交換や情報共有の場として設置している「地域福祉推進協議会」で意見を聴くことで、事業のスキームや方向性が検討されていきました。

市の所管課と社協では、移行準備期間中から毎月、会議を開催し、事業のあり方について意見交換等を行っています。そうした中、社協と市の役割分担として、社協には地域福祉コーディネーターが幅広いネットワークを活用しながら「相談支援」「参加支援」「地域づくりに向けた支援」を一体的に取り組むこと、行政である市には、とりわけ複雑化・複合化した課題をめぐる庁内の関係部署との調整や適切な実施体制の確保に役割を発揮することが期待されます。

2 移行準備期間を通じた計画的な増配置

実施体制は、移行準備の初年度である令和３年度は、モデル事業を引き継ぎ、前年度と同じく地域福祉コーディネーター２名と「補助職員」１名の実施体制でスタートしました。４年度には東西２圏域を担当する各１名に加えて全域を担当する地域福祉コーディネーター１名を新たに配置し３名体制としました。さらに、本格実施に入った５年度からは東西２圏域に各２名の地域福祉コーディネーターを配置する４名体制としています。移行準備期間を通じて、試行的に実施する内容を徐々に拡大することに合わせて必要となる実施体制を計画的に拡大してきました。

社協の地域福祉コーディネーターは相談支援包括化推進員を兼務していますが、市にも直営の相談支援包括化推進員を１名、配置しています。市の相談支援包括化推進員も、令和４年度に直営の係長を実施体制に組み込み、本格実施となった令和５年度からは直営を２名

体制とし、そのうちの１名を相談支援包括化推進員としています。

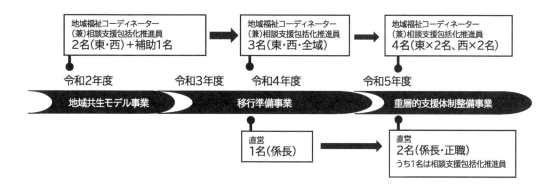

3　移行準備期間中の主な取組み

　国分寺市では、移行準備期間中、重層的支援体制整備事業の関係機関への周知や相談支援機関との連携強化に向けた共通理解を高めるための取組み、多機関協働、参加支援や地域づくりの試行に取り組んできました。

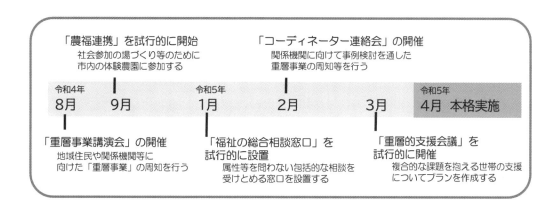

（１）「重層事業講演会」を開催

　講演会では、学識経験者の講演と市からの事業説明を行いました。行政職員や関係機関を対象としつつ、市民にも周知を広げて開催しました。講演会終了後、地域包括支援センターや障害者基幹相談支援センターから複合的な課題を抱える世帯に関する相談や重層事業に関する問い合わせがあり、関係機関への理解には一定程度つながったものと考えられます。

（２）「農福連携」を試行的に開始

　市内の農家さんと連携して「体験農園」における就労準備や社会参加による「参加支援」

の場づくりをめざしました。思いのほか、今まで
につながりのなかった地域の方々から担い手とし
ての参加があり、収穫物を子ども食堂などの団体
に提供するなどの新たな交流も生まれました。複
合的な課題を抱える方を単に「参加支援」の場に
つなげさえすればよいのではなく、そういった
方々に対する地域からの理解を高めることが必要
と改めて気づかされました。

（3）「重層的支援会議」を試行的に開催

　令和5年3月に重層的支援会議の試行として複合的な課題のあるケースについてプラン
を検討してみたところ、数多くの意見が出席者から出されました。その後、改めて会議を開
いて整理し、数ヶ月を経てそのプランを評価するまでの取組みをすすめています。

Ⅳ　「福祉の総合相談窓口」は、毎週水曜日 9〜17時の開設

　国分寺市では、移行準備期間中の令和5年1月に市役
所の第2庁舎1階の生活福祉課の窓口の一角に「福祉の相
談窓口」を試行的に置き、令和5年度からは同窓口を本格
的に開設しています。常設ではなく、毎週水曜日の9〜
17時の開設です。お昼休みも窓口を開けなくてはならな
いので、地域福祉コーディネーターは2名が社協から市役
所へ毎週水曜日に出向き、午前と午後の交代で相談窓口に
入っています。この窓口へ相談に訪れる方は、相談したい
がどこの窓口に相談したらよいかわからないといった方が
中心です。そして、地域福祉コーディネーターは、窓口で
相談に来るのを待つのではなく、窓口のカウンターから出
て、市役所まで来たけれどどの窓口を訪ねればよいかわか
らないでいる方を見つけては声をかけるといったことにも取り組んでいます。

　総合相談窓口の開設は週1回にとどめることで、地域福祉コーディネーターは普段の曜
日は積極的に地域へと出向くことができます。総合相談窓口を掲げることで相談すること
ができるようになる困りごともあれば、地域に出向いてさまざまな場に顔を出すことで初めて
受けとめられる困りごともあります。そうしたことから、福祉の総合相談窓口とアウトリー
チによる相談機能の両方が大切となっています。

Ⅴ　既存の相談機関と複合的な課題の事例検討 – コーディネーター連絡会

　地域福祉コーディネーターが毎年度実施する「コーディネーター連絡会」。令和4年度は、
重層的支援体制整備事業の本格実施を間近に控える令和5年2月15日に市内関係機関の相

談支援担当者や市職員に声をかけて、グループワークを通じた複合的な課題を抱える世帯に関する事例検討と意見交換を行いました。その開催に向けて、地域福祉コーディネーターは、「やはり重層的支援体制整備事業で『包括的相談支援事業』を担うことになる既存の相談支援機関（地域包括支援センター、障害者相談支援事業所、子ども・子育ての利用支援事業の窓口、生活困

窮者自立支援事業の自立相談支援窓口）がお互いに共通認識をもって包括的に相談を受けとめていくことが必要」と考え、これらの機関に声をかけての開催の運びとなりました。

　連絡会の冒頭では、まずは地域福祉コーディネーターの活動報告を行いました。その報告に対して、参加した関係機関の9割近くから「参考になった」との声をいただき、分野別に地域でそれぞれの専門性に基づく力を発揮している相談支援機関に「地域福祉コーディネーターの活動」を身近に感じてもらうことができました。また、市からの重層的支援体制整備事業の事業説明では、「福祉の総合相談窓口」のような一つの窓口に複合的な課題を含むケースを集約することでその課題の解決をめざしていくのではなく、それぞれの分野別の相談支援機関が連携することこそが重要であると強調されました。

　その後のグループワークでは、①世帯が抱える課題と各関係機関ができる支援や担える役割、②世帯を支援する上での連携のあり方、の2つの視点をもとに、事例検討を通じて各関係機関がそれぞれどのような支援ができ、どのように連携ができそうか意見交換を行いました。この連絡会を通じて、包括的相談支援事業を担う相談支援機関同士がお互いの強みを理解し合えたことは大きな成果でした。

Ⅴ　国分寺市の『重層的支援体制整備事業実施計画』

　国分寺市では、令和4年12月に「令和5年度国分寺市重層的支援体制整備事業実施計画」を策定しています。各事業について以下の実施体制を示しました。

1　包括的相談支援事業

　既存の分野別の相談支援機関を以下のように包括的相談支援事業に位置づけるとともに、それらの機関と連携した地域福祉コーディネーターによる「福祉の総合相談窓口」、さらにはアウトリーチによる幅広い相談支援を通じて地域住民の相談を包括的に受けとめる体制の構築がめざされています。

実施事業	分野	所管課	実施体制	拠点数
地域包括支援センターの運営	介護	高齢福祉課	地域包括支援センター もとまち、こいがくぼ、ほんだ、 ひよし、ひかり、なみき	6
障害者相談支援事業	障害	障害福祉課	障害者基幹相談支援センター 障害福祉課相談支援係	2
利用者支援事業	子ども	子育て相談室	【子育て応援パートナー事業】 西部地区拠点親子ひろば 東部地区拠点親子ひろば	2
		健康推進課	【子育て世代包括支援センター事業】	1
		保育幼稚園課	【保育コンシェルジュ事業】	1
		健康推進課	【出産・子育て応援ゆりかご・こくぶんじ事業】	1
生活困窮者自立相談支援事業	生活困窮	生活福祉課	自立生活サポートセンターこくぶんじ	1

2 地域づくりに向けた支援事業

分野ごとの取組みをすすめつつ、世代や属性を超えて地域住民同士が交流できる多様な地域活動が生まれやすい環境整備を行っていきます。

実施事業	分野	所管課	実施体制	拠点数
地域活動予防活動支援事業	介護	高齢福祉課	介護支援ボランティア活動受入登録施設	31
生活支援体制整備事業	介護	高齢福祉課	第1層生活支援コーディネーター（直営） 第2層生活支援コーディネーター 　　　　　（地域包括支援センター）	7
地域活動支援センター事業	障害	障害福祉課	地域活動センター 虹、プラッツ、つばさ、ほんだ・こだま	4
地域子育て支援拠点事業	子ども	子育て相談室	【親子ひろば事業】 地域子育て支援拠点事業 （直営3、指定管理2、業務委託3）	8
生活困窮者支援等のための地域づくり事業	生活困窮	地域共生推進課	地域福祉コーディネーター（東西圏域）	1

＜住民主体による地域づくり＞

　地域福祉コーディネーターによる地域づくりの取組みでは、例えば、「坂の下まで行くのは大変だから、坂の上にも居場所があるとよい」という住民の声をもとに、誰もが気軽に立ち寄れる居場所づくりをめざし、住民主体でやりたいこと、いろんな想いを出し合うことを地域福祉コーディネーターがお手伝いしてきました。そして、家を提供いただける方ともご縁でつながって、ボランティアが運営する"まちのおうち"として「坂の上のひとつ」が誕生しました。まちの拠点であり、多世代交流の場として、誰でも自由に過ごせるオープンスペースとなっています。

　こうした住民主体の活動を民生・児童委員や第2層生活支援コーディネーターとも連携しながらさまざまに取り組んでいます。また、生きづらさを抱える当事者の居場所づくりでは講演会などを通じて地域住民からの理解を広げながら取り組んでいます。

3　新たな機能（参加支援、アウトリーチを通じた継続的支援、多機関協働）

　新たな機能である３つの事業は、市の所管課を地域共生推進課とし、社協に委託して実施します。

実施事業	所管課	実施形態	実施内容
参加支援事業	地域共生推進課	委託	地域福祉コーディネーター（東西圏域）による地域の資源発掘、支援プランの作成
アウトリーチ等を通じた継続的支援事業	地域共生推進課	委託	地域福祉コーディネーター（東西圏域）によるアウトリーチの実施
多機関協働事業	地域共生推進課	直営 委託	地域福祉コーディネーター（東西圏域）による複雑化・複合化した相談の整理、重層的支援会議の開催、支援プランの作成。

　多機関協働事業における「重層的支援会議」は本人同意が得られた事案に関し、社協が主催し、案件ごとに構成メンバーを決定し開催します。また、支援に結び付いてないケースについて会議の構成員に守秘義務をかけて開催する「支援会議」は、既存の「相談支援総合調整会議」を活用して市が開催し、関係機関で情報共有を図り、早期発見や早期支援をすすめます。

　地域福祉コーディネーターはリマインドの意味を含めて支援会議の開催予定を包括的相談支援事業を担う相談支援機関に伝えます。その声かけは、支援の方向性に悩む支援者への支援にもなりえます。「支援会議」は月１回、相談支援機関等から寄せられるケースの中から複合化・複雑化したケースをスクリーニングし、直営の相談支援包括化推進員が庁内の関係部署の調整役を担いながら開催しています。なお、早急に情報共有を図る必要があるケースについては、臨時会を開催し対応しています。

Ⅵ　情報共有と活動の可視化

1　情報共有システムを活用

　４名の地域福祉コーディネーターは、福祉の総合相談窓口を交代で担ったり、それぞれが地域に出向いてさまざまな関係機関や市民と関わります。そうした中で、国分寺市社協では地域福祉コーディネーター同士で情報を共有していくため、クラウド上で安全に相談記録を共有できる情報共有システムを活用しています。ネットワークを活用した地域活動には情報共有は不可欠です。それぞれケースや地域のキーマンをお互いに知っておくことが大切になっています。

2　地域福祉コーディネーター活動の可視化

　重層的支援体制整備事業を市民に知ってもらうというよりも、まずは地域福祉コーディ

ネーターの活動を広く知ってもらうことが同事業を通じた取組みに多くの市民の理解と参加を得ていくことにつながります。そのため、「地域福祉コーディネーターとは」というリーフレットや、地域福祉コーディネーターの事業説明のためのプレゼンテーション用データを作成しています。公民館まつりでも、展示スペースで地域福祉コーディネーターの活動を紹介しました。また、SNSでも適宜、積極的に情報を発信しています。これらの機会には、視覚的な資料を作成するなど、市民や関係者に地域福祉コーディネーターを身近に感じてもらおうと工夫しています。

　地域福祉コーディネーターの積み重ねた実践を発信していくことは「メモリアル」という視点からも大切になります。実践を通じて市民が取り組んできたことを形にして見せて、さらなる積み重ねへと発展させていくことにつながっていくと考えられます。

Ⅶ 個別支援にかかる事業と参加支援、地域づくりとの連携

1 生活困窮者自立支援事業、権利擁護事業との連携

　国分寺市社協では、令和3年度までは「ボランティア活動センター」の中に「ボランティア事業担当」と「まちづくり支援担当」があり、地域福祉コーディネーターはその「まちづくり支援担当」に配置されていました。令和4年度に社協内を「総務課」と「地域福祉課」の2課体制に分けて、ボランティアセンター担当は「総務課」に残し、「地域福祉課」の中に①権利擁護センターこくぶんじ、②自立生活サポートセンターこくぶんじ、③地域福祉コーディネーター担当の3つを置くように組織を改めました。このことによって、重層的支援体制整備事業を見据えて、3つの相談支援体制の連携を強化しています。特に生活困窮者自立支援事業を実施する「自立生活サポートセンターこくぶんじ」と地域福祉コーディネーターは朝のミーティングも一緒に行い、情報を共有しています。

　国分寺市社協では、自宅を訪問する際には必ず2名体制で訪問しており、自立生活サポートセンターの職員と地域福祉コーディネーターが一緒に訪問することもあります。同じ利用者を自立生活サポートセンターは生活面の視点で、地域福祉コーディネーターは参加支援の視点で関わることもできています。もともとボランティアセンターとの連携は積み重ねてきており、さらに権利擁護センターとの連携も加わることで地域福祉コーディネーターの活動に厚みを持たせることができます。令和5年度に権利擁護センターの主催した地域の関係機関連絡会には地域福祉コーディネーターも参加し、権利擁護支援における各機関が考える支援の視点を共有しました。

　自立生活サポートセンターにとっても、地域福祉コーディネーターとの連携が深まることでより地域とのつながりを活かした支援が期待されます。こうした関わりを地域福祉コーディネーターが地域の各分野の相談支援機関との連携を深めて取り組んでいくことで重層的支援体制整備事業が活かされていくと考えられます。

2　参加支援の広がりと地域づくり

　国分寺市内では、社協が中心となり、令和元年11月に17の社会福祉法人が参加する「国分寺市社会福祉法人連絡会」を立ち上げています。今後は、相談支援における連携はもとより就労準備支援や参加支援に法人・事業所の力を借りていくことも期待されます。

　また、地域福祉コーディネーターは、参加支援の広がりを作っていくうえで生きづらさを抱える人たちを受け入れる地域の人の理解の輪を丁寧に広げていくことが大切だと考えています。そうしたことから、参加支援の場づくりに地域住民が関わりながら、参加支援と地域づくりを一体的に取り組んでいくことが大切になりそうです。

地域の拠点「区民ひろば」にCSWが常駐して地域の課題に対応。福祉包括化推進員による庁内連携のしくみとCSWの取組みを活かす。

―豊島区民社協における 重層的支援体制整備事業の取組み

　豊島区は、令和5年度から重層的支援体制整備事業（以下、重層事業）を本格実施しています。豊島区民社協はその中の4つの事業を受託していますが、以前から、コミュニティソーシャルワーク事業、生活困窮者自立支援事業（くらし・しごと相談支援センター）、生活支援体制整備事業など、重層事業につながる多くの事業を実施してきました。特にコミュニティソーシャルワーク事業については、都内でも先駆的に取り組んできた経緯があります。

　豊島区では、平成21年度に高齢者総合相談センター（地域包括支援センター）圏域のうちの1圏域にコミュニティソーシャルワーカー（以下、CSW）をモデル配置しました。本格実施後は毎年増員し、平成27年度に全8圏域に配置されています。モデル事業時から1圏域に2名のCSWを配置し、チームで動くことを大事にしてきました。CSWは地域コミュニティの拠点「区民ひろば」に常駐しています。社協の事務局とは場所が離れていますが、毎朝集まってミーティングをすることで情報共有ができるようになり、社協内の連携に不都合はないと言います。区民ひろばではCSWによる相談会も実施していますが、相談会があるから来るのではなく、区民ひろばで話をしている内容が相談につながっていくことが多いと言います。また、社協の全部署を横断した地区担当制も取っており、CSWと地区担当職員が一緒に地域との関係をつくってきました。地域の課題や取組みへ意見を出し合う区民ミーティングは、地区担当が担っています。

　くらし・しごと相談支援センターは区役所本庁舎にあり、区の福祉総合フロアの一画を構成しています。生活困窮者支援の窓口に自ら相談に訪れる人は少ないので、庁内のほかの部署から相談につながるメリットがあります。

　豊島区では、重層事業実施前から庁内関係部署の「福祉包括化推進員」による福祉包括化推進会議と推進部会を設置し、包括的な支援のための庁内連携のしくみをつくってきました。豊島区民社協の共生社会課（CSWと生活困窮者自立支援事業の課）はその構成部署の1つに位置づけられています。豊島区の重層事業は、CSWによる取組みを中心にこれまで社協が実施してきた事業を活かして進められています。

〔ヒアリング日：令和5年10月13日〕

左から、豊島区民社会福祉協議会　共生社会課長　小林聖子さん、共生社会課コミュニティソーシャルワーク担当チーフ　宮坂誠さん

Ⅰ　豊島区民社協のこれまでの取組み

（1）豊島区民地域福祉活動計画「としまNICEプラン」

　豊島区民地域福祉活動計画「としまNICEプラン」は、現在、平成30年度～令和5年度までの計画を推進しながら、令和6年度に向けて改定作業中です。本計画の策定委員会には、区の地域保健福祉計画（地域福祉計画）の策定会議と同じ学識経験者の委員を招聘し、さらに、双方の会議体にそれぞれの計画策定担当者が出席し合うことにより、共通の方向性を持って改定を進めています。区の地域保健福祉計画は重層的支援体制整備事業実施計画を盛り込む形で改定中です。また、豊島区民社協では、圏域ごとに区民ミーティングを開催しています。現行の地域福祉活動計画にも、区民ミーティングで出た「豊島区をどのような地域にしたいか」という意見を反映させています。今回の計画改定に向けては、初めて区と合同で開催し、両計画の説明をして、地域住民の意見をヒアリングする場としました。

（2）豊島区民社協の体制と各事業について

　豊島区民社協は、令和5年度にそれまでの4課体制から「総務課」「地域福祉課」「共生社会課」の3課体制になりました。「共生社会課」では、コミュニティソーシャルワーク事業をはじめ、生活困窮者自立支援事業、生活支援体制整備事業、ボランティアセンター、住民参加の助け合い活動など、地域づくりにかかわる多くの事業を実施しています。これまで、コミュニティソーシャルワーク事業とは別の課であったボランティアセンターと住民参加の助け合い活動が同じ課になったことで連携がしやすくなり、コミュニティソーシャルワーカー（以下、CSW）の取組みへのアイデアも出るようになりました。また、生活支援体制整備事業をボランティアセンターと同じ共生社会推進担当に置いたことで、生活支援コーディネーターの取組みの幅が広がっていると感じています。

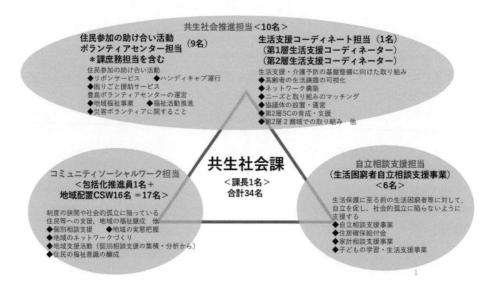

①　コミュニティソーシャルワーク事業と区民ひろば

　豊島区は、都内でも早くにCSWの配置が進んだ地域です。地域保健福祉計画にも明記されたことで、区もコミュニティソーシャルワーク事業に力を入れて取り組むことになり、豊島区民社協で平成21年度から2年間、高齢者総合相談センター（地域包括支援センター）8圏域のうちの1つの圏域で「コミュニティソーシャルワークモデル事業」を実施しました。平成23年度に本格実施となった後は、毎年CSWを増員し、平成27年度に全8圏域に配置されました。CSWがチームで動くことで、地域との関係性をCSWの役割として築けるように、モデル事業のときから1圏域に2名という複数体制でCSWを配置しています。CSWの複数配置は、職員育成の面からも大事な点だと感じています。現在CSWは16名体制で配置しています。

　平成24年度から、CSWは各圏域の地域コミュニティの拠点である「区民ひろば」に常駐するようになりました。区民ひろばでは、世代間の交流や高齢者の健康活動支援、子育て支援、サークル支援、さまざまなイベント等を行っています。モデル事業実施時は社協の事務所から区民ひろばに出向いていく形を取っていましたが、なかなかCSWを認識してもらえず、相談会を開いてもわざわざ「相談会があるから」と足を運んで来る人はあまりいませんでした。困ってから相談に行くというのはハードルが高いですが、住民が自然に集まるところにCSWがいると、窓口に行かなくてもお茶を飲みながら話している内容が相談につながっていきます。CSWが区民ひろばに常駐していることには大きなメリットを感じると言います。当初は区民ひろばに直行直帰していましたが、情報共有に課題があり、毎朝全CSWが集まってミーティングをしてから、各区民ひろばに向かうスタイルとなりました。ミーティングには、CSWのほかに生活支援コーディネーター、ボランティアセンターの職員、自立相談支援担当の職員が参加します。また、日頃から同じ圏域の2名の間で担当圏域ピアスーパービジョンを行うようにしています。週1回は2圏域4名のCSWによるユニット会議を開き、ケースの進捗状況を共有するとともに、月1回は全ケースのチェックも行います。ユニットには必ずベテラン職員1名がリーダーとして入るようにしています。共生社会課全体の取組みとしては、月1回、事例検討会議やCSWで組んでいるプロジェクトの共有、意見交換等を行う運営会議を行います。年2回は、スーパーバイザー（大学の先生）による困難事例や事業課題等へのスーパーバイズを実施しています。

CSWの8圏域は地域包括支援センター圏域と同じですが、民生児童委員の圏域（6圏域）や町会（12圏域）とは一致していません。また、区民ひろばは全小学校区にあり、CSWの圏域ごとに数は違います。5か所の区民ひろばがある圏域もあれば、1か所しかない圏域もあります。CSWは拠点になっていない区民ひろばにも出向き、顔を見せ、「暮らしの何でも相談会」を開いたりしています。

【CSW担当圏域】

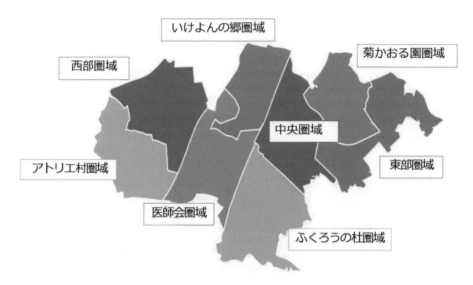

② 地区担当制と区民ミーティング

コミュニティソーシャルワーク事業の本格実施と並行して、豊島区民社協では、部署を問わない全正規職員による地区担当制も取るようになりました。社協職員は全員がCSWだという意識を持ってほしいと考えたからだと言います。1地区につき、CSW2名と地区担当職員3名程度の計5名程度の体制になっています。地区担当職員はできるだけ変えないようにしており、広報紙（トモニーつうしん）で担当職員の紹介もしています。区民ミーティングは地区担当が実施する事業で、コロナ前は8圏域4回ずつの計32回開催していました。地区担当職員は地域の行事にも参加するなどして、日頃から地域とのつながりをつくっています。

③ 生活支援体制整備事業

豊島区の生活支援体制整備事業は、平成27年度から第1層生活支援コーディネーターを社協に配置し、第2層生活支援コーディネーターの機能は社協のCSWが担う体制で実施してきました。その後、第2層生活支援コーディネーターを圏域ごとに配置することになり、

令和3年度に8圏域のうち4圏域、令和5年度に全8圏域に配置されました。豊島区の方針として、第2層生活支援コーディネーターは地域包括支援センターではなく、福祉事業を実施しているさまざまな団体に配置することになり、2圏域については社協への配置となっています。社協内では2層圏域にすでにCSWが2名ずつ配置されていることや、第2層生活支援コーディネーターが社協内にいる圏域といない圏域があることなどから、第1層生活支援コーディネーターの動きやCSWとの関係性が複雑になり、今後の2層圏域のコーディネーターについては、何らかの整理をしていく必要があると感じています。但し、生活支援コーディネーターはCSWと別の担当に配置されているものの、同じ社協内であると連携はしやすく、また、ボランティアセンターと連携した取組みを進められることにはメリットもあると言います。

④　生活困窮者自立相談支援事業（くらし・しごと相談支援センター）

　豊島区民社協は生活困窮者自立相談支援事業を受託し、区役所内の「くらし・しごと相談支援センター」で、自立相談支援事業、住居確保給付金、家計相談支援事業、子どもの学習・生活支援事業を実施しています。モデル事業のときは、コミュニティソーシャルワーク事業担当と場所を同じくしていましたが、本格実施時に区役所の本庁舎に移りました。ちょうど区役所の新庁舎が完成したタイミングで、ワンフロアを福祉総合フロアにすることになり、「くらし・しごと相談支援センター」もその一画を構成することになりました。CSWが各圏域の区民ひろばに常駐していることから、以前よりそれぞれが離れていても連携できる体制をつくってきたため、コミュニティソーシャルワーク事業担当と場所が離れていることのやりにくさはないと言います。むしろ、生活困窮者支援の窓口に自ら相談に訪れる人は少ないので、区役所内に窓口があることで、庁内のほかの部署から相談がつながることが多いというメリットがあると感じています。

　生活困窮者自立相談支援事業が始まった時点で、豊島区民社協ではすでにCSWの取組みが展開されており、本事業を社協が受託することで、窓口で受けた生活困窮の相談を地域につないでいくことができると考えました。CSWと自立相談支援担当職員は、同じことに取り組んでいるという意識で事業を実施しています。本来であれば、自立相談支援担当の職員自身がアウトリーチできるといいのですが、現実には体制的に難しいため、アウトリーチをしているCSWと連携して相談に対応しています。

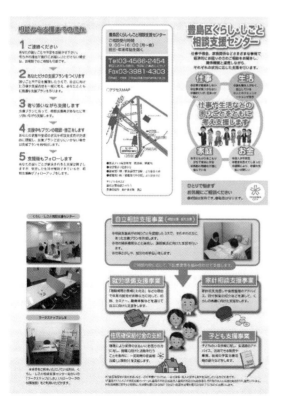

（3）豊島区社会福祉法人ネットワーク会議の取組み

　豊島区社会福祉法人ネットワーク会議は平成23年2月に設立され、豊島区民社協が事務局を担っています。設立当初から「福祉なんでも相談」に取り組んでおり、現在は、8圏域ごとにCSWが入って地区連絡会を開催しています。CSWが区民ひろばで実施している「暮らしのなんでも相談会」を一緒に行ったり、合同出張相談会を実施した圏域もあります。他分野の相談が入り、地区連絡会の中の法人につないだこともありました。日頃から法人ネットワークで連携し、顔の見える関係を築いているからこそだと感じています。また、今後は各施設を拠点としたフードドライブの実施も予定しています。複雑化・複合化した課題に対応していく重層的支援体制整備事業には社会福祉法人の力が求められています。各分野の社会福祉法人が専門性を発揮することで、相談支援事業や参加支援事業の幅が広がることが期待できます。

Ⅱ　重層的支援体制整備事業の実施状況

＜　豊島区の重層的支援体制のフロー図　＞

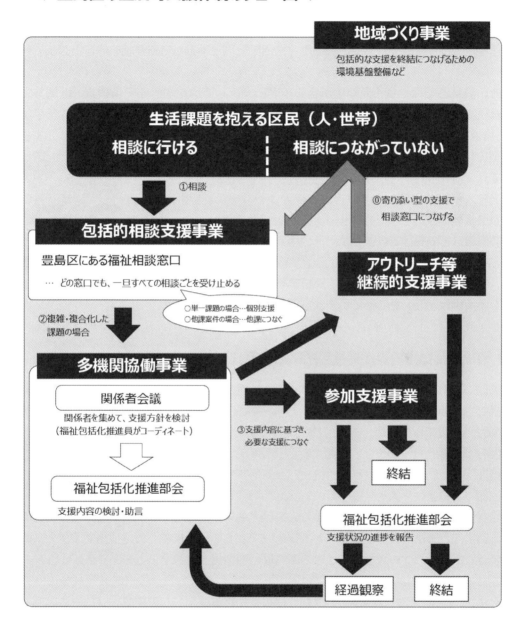

（1）重層的支援体制整備事業実施前の取組み

　豊島区では、令和５年３月に豊島区重層的支援体制整備事業実施計画を策定しました。この計画は令和５年度のみの計画となっており、令和６年度からは現在改定中の豊島区地域保健計画に統合されます。本計画は、豊島区高齢者福祉計画・介護保険事業計画、豊島区障害者計画・障害（児）福祉計画、豊島区子ども・若者総合計画等の関連計画と整合性を図り、豊島区地域保健福祉計画や豊島区民地域福祉活動計画と連動して取り組む内容となっています。

　また、豊島区では、令和元年度から２年度に実施していた国のモデル事業（地域共生社会の実現に向けた包括的支援体制構築事業「多機関の協働による包括的支援体制構築事業」）で、「福祉包括化推進事業」の取組みを開始し、令和２年４月からは庁内の13課（児童相談所設置に伴い令和5年度からは14課）と豊島区民社協に「福祉包括化推進員」を配置しています。

　さらに、令和３年度から「ひきこもりアウトリーチ支援事業」を実施しています。ひきこもりの相談は、これまでもくらし・しごと相談支援センターやCSW、区の子ども若者総合相談窓口などで受けてきました。その中で、アウトリーチをどこが行うのかということが課題になっていましたが、CSWが日頃から地域を拠点にしてアウトリーチをしていることから、社協がCSWの取組みとして受託することになりました。なお、あわせて区に「ひきこもり専用相談窓口」もできています。

（2）福祉包括化推進員と福祉包括化推進部会

　豊島区は、令和2年度から実施している「福祉包括化推進事業」で、庁内関係部課の部課長で構成される「福祉包括化推進会議」と庁内関係部課の係長級で構成される「福祉包括化推進部会」を設置しました。福祉包括化推進部会の構成員は、「福祉包括化推進員」として関係部署に配置されています。福祉の相談窓口の庁内連携の必要性から設置され、「福祉包括化推進部会」はケース会議を行う場となっています。毎月１回開催されており、複数の機関が関係しているケースを共有して、お互いにアドバイスをし合います。各構成員に対して、区の自立促進担当（福祉包括化推進員）の兼務発令を出すことで、個人情報の取り扱いを担保しています。事例を共有するシートのフォーマットもあります。毎月提出するケースの数は決まっておらず、ケースがないときもあれば、複数提出されることもあります。

　豊島区民社協からは、共生社会課長が「福祉包括化推進会議」の構成メンバーに、コミュニティソーシャルワーク担当チーフが「福祉包括化推進部会」の構成メンバーになっており、CSWの関わっているケースを出すことがあります。

《福祉包括化推進会議》
　庁内関係部課の部課長で構成。支援体制のあり方、人材育成、社会資源の把握と充足、庁内連携の課題の整理について検討する会議。

《福祉包括化推進部会》

　庁内関係部課の係長級で構成。支援プランの適切性の協議、支援提供者へのプランの共有、プラン終結時の評価を行う会議。必要に応じて支援会議も開催する。

　令和2年度から庁内の関係部署と豊島区民社協に配置している「福祉包括化推進員」によって構成されており、それぞれが業務の中で抱えているケースを出し合って、支援の方向性やそれぞれの役割を相談する場となっている。

（3）豊島区の重層的支援体制整備事業の各事業の特徴

　豊島区民社協は、重層的支援体制整備事業の5つの事業のうち、包括的相談支援事業、アウトリーチ等を通じた継続的支援事業、参加支援事業、地域づくりに向けた支援事業の4事業の受託、および多機関協働事業の一部受託をしています。それぞれ既存の事業を発展させて実施しているため、令和5年度の本格事業実施にあたっては、社協内の人員の増配置はありませんでした。

＜包括的相談支援事業＞

　豊島区重層的支援体制整備事業実施計画では、高齢者総合相談センター（社会福祉法人等）、心身障害者福祉センター（区）、利用者支援事業（子育てインフォメーション、保育課、池袋保健所、長崎健康相談所）（区）、くらし・しごと相談支援センター（社協・NPO法人）を例示し、「断らない相談支援」の窓口として位置付けています。

　豊島区では、平成27年度に本庁舎4階に福祉総合フロアを設置し、関係各課で相互に連携して対応していく体制を構築しました。令和2年度には、このフロアの関係各課職員と社協職員を福祉包括化推進員とし、包括的相談支援を行う分野横断的な体制をつくっています。

　「断らない相談支援」の窓口の例示にCSWの事業は入っていませんが、分野横断的な体制をつくっても把握しきれない困りごとについては、日頃からCSWが対応しています。CSWは区民ひろばで「暮らしのなんでも相談会」を実施していますが、それ以外にも団地の集会所や商店街でも開催するなど、できるだけ多くの方を対象にした相談の場を提供しています。また、相談会ではなく、区民ひろばでのかかわりの中から相談につながることのほうが多く、CSWの日頃の取組みが包括的相談支援の一画を担っています。

＜地域づくり事業（地域づくりに向けた支援事業）＞

　豊島区重層的支援体制整備事業実施計画では、地域づくり事業として、地域介護予防活動支援事業（区、社会福祉法人等）、生活支援体制整備事業（社会福祉法人等）、地域活動支援センター事業（区、社会福祉法人等）、地域子育て支援拠点事業（区、NPO法人）、生活困窮者支援等のための地域づくり事業（社協）を例示しています。豊島区民社協が関わる事業では、生活支援体制整備事業の生活支援コーディネーター、生活困窮者支援等のための地域づくり事業でCSWが配置されている「区民ひろば」が位置づけられています。

　豊島区民社協では、ここに位置づけられている事業のほかにも、区民ミーティングや区民が地域で住民の異変等に気が付いて声をかけ、見守り活動を行う「地域福祉サポーター」

の育成、圏域ごとのCSW通信をはじめとした地域活動の情報発信など、さまざまな地域づくり事業を実施してきました。地域福祉サポーター活動は、障害や難病の当事者でも登録できるので、お互いの理解にもつながります。地域活動の情報発信としては、活動の内容だけではなく、地域活動をしている人や団体の思いも取材した「ストーリー&マップ」も作りました。区民ミーティングでは、在住外国人支援の必要性について意見が出され、他団体と協力して始まった外国人支援「としまる（TOSHIMA Multicultural Support）」によるフードパントリーも行っています。豊島区民社協がこれまで実施してきた多くの事業が、重層的支援体制整備事業の地域づくり事業につながっています。

＜参加支援事業＞

　豊島区重層的支援体制整備事業実施計画では、参加支援事業として、くらし・しごと相談支援センター（社協・NPO法人）、ひきこもり相談窓口（NPO法人）、コミュニティソーシャルワーク事業（社協）を例示しています。豊島区民社協は、生活困窮者自立相談支援事業やCSWの取組みを通して参加支援事業を行います。

　社協にはボランティアセンターもあります。CSWが把握している圏域ごとの資源やつながりとは異なる、広い範囲での資源やつながりを持っており、福祉教育も実施しているので、連携することで参加支援事業の幅が広がることが期待できます。さらに、社協が事務局を担っている社会福祉法人のネットワークに働きかけ、社会福祉法人の力を活用することもできます。

＜アウトリーチ等を通じた継続的支援事業＞

　社協のコミュニティソーシャルワーク事業を通して実施します。CSWは日頃から地域を拠点にしてアウトリーチをしていますので、豊島区民社協のCSWが取り組んでいることそのものと言えます。

＜多機関協働事業＞

　区が直営と豊島区民社協の一部委託により実施しています。「福祉包括化推進会議」とその下部組織の「福祉包括化推進部会」が重層的支援会議の役割を果たします。重層的支援会議は、作成したプランの適切性やプラン終結時の評価、社会資源の把握と充足に向けた検討を行う会議として位置づけられています。

　これまで「福祉包括化推進部会」は、毎月1回、情報交換をしながら進めてきました。今後は、重層的支援体制整備事業の会議に位置づけていくにあたり、重層的支援会議や支援会議のフローを作成し、出されたケースのプランを作成する流れをつくっていきます。

（4）今後の課題と感じていること

　豊島区民社協では、コミュニティソーシャルワーク事業を中心に、くらし・しごと相談支援センター事業や生活支援体制整備事業において本事業を受託していますが、実施にあたって職員の増員はなく、受託前と同じ体制で事業を実施しています。既に、CSWを各エリアに複数配置できており、これまで社協が取り組んできた事業がベースになっていることから、CSWの事業を実施していく上ではすぐに増員が必要な状態ではありませんが、今後、本事業を実施することで業務量が増えることも考えられますので、適切な職員配置を維持することが求められます。

　特に多機関協働事業については、これまで区が開催してきた「福祉包括化推進部会」を本事業の会議と位置付ける中で、社協に委託される可能性も出てきました。しかし、区内の各部署で開かれているさまざまなケース会議との整合性を図る必要があり、多機関協働事業における区と社協の役割の整理が求められています。今後、どのケースも多機関協働事業でCSWが対応することにならないように、それぞれの相談機関の役割を明確にする必要があります。そして、多機関協働事業につなぐケースの種類を決めておくとともに、厳格に決めすぎることで、現在、自由な形で開催されている「福祉包括化推進部会」にケースが出てこなくなることがないように、会議の進め方を工夫することも必要です。

　また、以前から社協が取り組んできたことを発展させて実施するため、どこを本事業の実績としてカウントするのか調整が不十分な状態です。CSW事業で関わったケースが重層の各事業と一致するわけではないため、区と課題を共有し、実績の考え方を整理していく必要があります。

　豊島区民社協内での職員の理解の促進もこれからです。共生社会課内では話をしていますが、権利擁護など他課との連携も必要な事業ですので、今後、社協内で本事業に対する共通認識を持てるようにしていくことが必要です。

13名の地域福祉コーディネーターを配置し、「福祉なんでも相談」「分室相談」「巡回相談」「LINE相談」と包括的相談支援の間口を広げるとともに、既存の相談機関の垣根を越えた連携、多世代にわたる地域づくりをめざす。

─渋谷区社協における 重層的支援体制整備事業の取組み

　渋谷区では、令和5年度から「重層的支援体制整備事業」を開始。同時期に本格実施を始めた他の自治体とは異なり、「移行準備事業」を経ず本格実施に入っています。社協には平成28年度に生活支援コーディネーターを2名配置していますが、令和4年度に生活支援コーディネーター4名と地域福祉コーディネーター4名へ増員しています。

　渋谷区社協の「強み」の一つは、高齢、障がい、子育て支援の各分野の相談援助事業を地域の拠点で担ってきた実績を持つことです。平成30年度からの社協の『第2期地域福祉活動計画』では、3つのエリアで地域福祉部門と事業部門の社協職員がチームを組む「地区担当制」を試行しましたが、残念ながらコロナ禍に入りその取組みは道半ばに途絶えました。とはいえ、そこでの気づきは新たに配置された地域福祉コーディネーターと社協内の各部門との連携に活かされることが期待されます。また、ボランティアセンターやこどもテーブル事業でも分野の垣根を越えた多世代のつながりを意識した取組みがこれまでにも行われてきています。

　渋谷区社協には前年度の地域福祉コーディネーターと生活支援コーディネーターを合わせて8名から令和5年度は13名の地域福祉コーディネーター（全員が生活支援コーディネーターを兼務）が配置され、4つの日常生活圏域に3名ずつを配置するとともに、全体を統括する1名が配置されました。地域福祉コーディネーターは既存の相談支援機関による包括的な相談支援と連携しつつ、①福祉なんでも相談窓口、②①の分室、③区内巡回の地域相談を担っています。③では民生児童委員と連携して取り組んでいます。

　そして、令和5年11月には渋谷区地域共生サポートセンター「結（ゆい）・しぶや」がオープンし、地域福祉コーディネーターはここでの相談や、参加支援の取組みをNPOのコミュニティマネジャーと連携しながら担います。今後、「ちがいをちからに変える街」の渋谷らしい地域づくりに取り組む支援者たちを支える拠点となることが期待されます。

〔ヒアリング日：令和5年12月6日〕

渋谷区社会福祉協議会　地域相談支援係
地域福祉コーディネーター（東部・西部）
濱野弓子さん、係長・内山江里子さん、松本康宏さん
松本摂子さん、成田紗衣さん

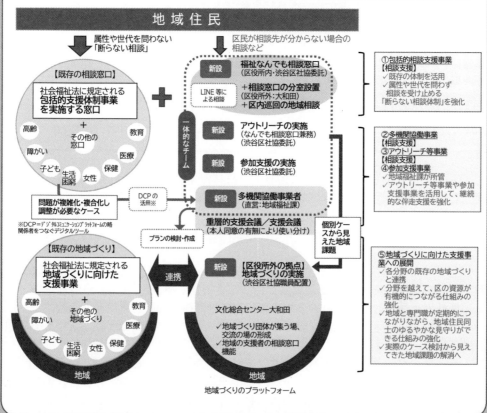

渋谷区における重層的支援体制整備事業の全体像

『渋谷区重層的支援体制整備事業実施計画』（令和5年4月）より作成

地域住民

属性や世代を問わない「断らない相談」

区民が相談先が分からない場合の相談など

【既存の相談窓口】
社会福祉法に規定される**包括的支援体制事業を実施する窓口**

高齢　教育　その他の窓口　障がい　医療　子ども　生活困窮　女性　保健

問題が複雑化・複合化し調整が必要なケース

※DCP＝デジタルコミュニケーションプラットフォームの略 関係者をつなぐデジタルツール

DCPの活用※

一体的なチーム

新設 **福祉なんでも相談窓口**（区役所内・渋谷区社協委託）

LINE等による相談

＋相談窓口の分室設置（区役所外・大和田）
＋区内巡回の地域相談

新設 **アウトリーチの実施**（なんでも相談窓口兼務）（渋谷区社協委託）

新設 **参加支援の実施**（渋谷区社協委託）

新設 **多機関協働事業者**（直営：地域福祉課）

重層的支援会議／支援会議（本人同意の有無により使い分け）

プランの検討・作成

個別ケースから見えた地域課題

①包括的相談支援事業【相談支援】
✓既存の体制を活用
✓属性や世代を問わず相談を受け止める「断らない相談体制」を強化

②多機関協働事業【相談支援】
③アウトリーチ等事業【相談支援】
④参加支援事業
✓地域福祉課が所管
✓アウトリーチ等事業や参加支援事業を活用して、継続的な伴走支援を強化

【既存の地域づくり】
社会福祉法に規定される**地域づくりに向けた支援事業**

高齢　教育　その他の地域づくり　障がい　医療　子ども　生活困窮　女性　保健

地域

連携

新設 **【区役所外の拠点】地域づくりの実施**（渋谷区社協職員配置）

文化総合センター大和田
✓地域づくり団体が集う場、交流の場の形成
✓地域の支援者の相談窓口機能

地域

地域づくりのプラットフォーム

⑤地域づくりに向けた支援事業への展開
✓各分野の既存の地域づくりと連携
✓分野を越えて、区の資源が有機的につながる仕組みの強化
✓地域と専門職が定期的につながりながら、地域住民同士のゆるやかな見守りができる仕組みの強化
✓実際のケース検討から見えてきた地域課題の解消へ

特徴

1 4つの日常生活圏域に各3名と統括1名の「地域福祉コーディネーター」を13名配置

▶日常生活圏域である4圏域（北部・西部・東部・南部）に社協の地域福祉コーディネーターを各圏域3名と統括1名により配置。地域福祉コーディネーターとして「地域課題の把握と包括的な支援」を担うとともに、全員が生活支援コーディネーターを兼務し、生活支援コーディネーターの機能に位置づけた「地域住民の場の支援をはじめとする地域づくり」の役割を担う。併せて、「アウトリーチを通じた支援」、「参加支援」も地域福祉コーディネーターが担う。

2 多機関協働は、区に新たに設置された「福祉部地域福祉課」が直営で実施

▶区の地域福祉課が多機関協働事業者となり、「支援会議」「重層的支援会議」を開催する。

3 既存の相談窓口に加えて「福祉なんでも相談窓口」「相談窓口の分室」「区内巡回の地域相談」

▶地域福祉コーディネーターが新たに区役所2階の「福祉なんでも相談」、土曜日や平日19時まで対応する「分室」、「LINE相談」、民生児童委員と連携した「巡回型相談」を実施し、多様な形で包括的な相談支援をつくる。また、既存の相談窓口では、属性や世代にとらわれない相談支援に取り組む。今後は既存の分野別の窓口同士の連携強化や地域福祉コーディネーターとの連携が期待される。

4 渋谷らしく「ちがいを力に変える」多様性を活かし、多世代交流や多様な居場所づくり

▶既存の地域づくりでも、例えば高齢者や子どもがともに交流するなど、多世代の交流や多様な居場所づくりを促進する。社協の「こどもテーブル事業」における多世代交流をめざす取組み、世代が集える多世代・多機能型の拠点の「景丘の家」、しぶやボランティアセンターにおける既存の地域活動と学生等の連携、新たに地域共生サポートセンター「結（ゆい）・しぶや」に配置されたNPOのコミュニティマネジャーとの連携が期待される。

Ⅰ　渋谷区社協がこれまでに取り組んできた地域福祉活動

1　3つの重点事項を定めた平成25年度からの『第1期地域福祉活動計画』

　渋谷区社協では、かつて平成14年度から16年度までの3ヵ年を計画期間とする『渋谷区地域福祉活動計画』を策定しています。しかしながら、この計画は、計画年度終了後に継続した計画が策定されないままとなっていました。そこで平成25年度、改めて「きづきあい　みとめあい　ささえあい　共に生きるまち　渋谷」を基本理念とした『地域福祉活動計画（平成25年度〜平成29年度）』を策定しました。その策定にあたっては、住民懇談会、団体懇談会を何度も実施し、住民の意見を反映することに努めました。その結果、同計画では、図のように「協働を進める地域福祉活動」として、「住民主体」を「活動の拠点」「生活課題への対応」に活かすことを柱に、公的な福祉サービスと地域の中で活動するボランティア、町会や民生児童委員等、関係機関・団体がネットワークを形成して生活課題への対応力を高める地域づくりがめざされていました。

　当時の渋谷区社協では、地域包括支援センター、子育て支援センター、障害者相談支援事業のそれぞれを地域に拠点を構えて運営し、さらに成年後見支援センター、障害者就労支援センター、精神障害者地域生活支援センターの運営にも取り組んでいました。そうしたことから、子どもから高齢者、障害者

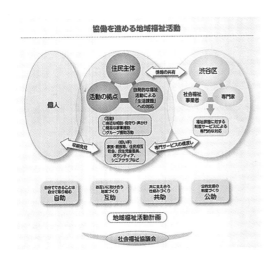

までの切れ目のない相談援助活動を社協の「強み」として活かしていくことが期待されました。そのため、同計画の3つの重点実施事項には、①相談援助体制の構築、②小地域福祉活動のあり方の研究、③災害時の地域支援体制づくりのためのネットワークの推進が位置づけられ、この3つは、現在の地域福祉コーディネーターやボランティアセンター、こどもテーブル事業の取組みへと発展してきています。

　また、渋谷区は昭和48年に東京都児童会館の一室に、東京ボランティアセンターの前身となる「東京都ボランティアコーナー」が初めて設置された地でもあります。そうしたことから、しぶやボランティアセンターはその精神を受け継ぎ、区内の4ヵ所のボランティア室に職

■第1期地域福祉活動計画における重点実施事項

相談援助体制の構築	社協が実施している子どもから高齢者、障害者までの切れ目のない相談援助活動の「強み」を活かして関係機関と連携する。
小地域福祉活動のあり方の研究	地域住民の小地域福祉活動への支援を通じて生活課題を抱えている人との「であい・ふれあい」を深め、その人らしく暮らし続けることを支える。
災害時の地域福祉支援体制づくりのためのネットワークの推進	各事業で関わる地域住民は災害時要配慮者となりうる可能性もあり、地域福祉推進の中核として災害時に備えた対策を構築する。

員であるスタッフとは別に地域の情報に詳しい地域住民によるボランティアアドバイザーを配置する取組みを行ってきました。地域に出向く拠点をもち、地域住民とともにボランティア活動の推進に取り組む姿勢です。

2　地域担当制や分野を越えた活動にも取り組んだ『第2期地域福祉活動計画』

　平成29年に改正された社会福祉法では、区市町村が取り組むべきことに「包括的支援体制の構築」が位置づけられました。その実現に向けては、渋谷区社協でも、より積極的に事業間が連携して地域課題への対応力を高めることが必要でした。

　そこで、平成30年度から令和4年度までを計画期間とする『第2期地域福祉活動計画』では、職員が地域にアウトリーチし地域住民とともに地域課題への対応に取り組むこととし、地域の方々の力を活かした地域づくりの実現をめざしました。その際、渋谷区社協のもつ強みとして、他の社協と比べても、こどもテーブル事業や子育て支援センター等を通じた子どもと家庭支援での経験があること、さらには障害者の総合相談の経験をふまえた保健分野との連携の可能性があることが考えられました。

※第2期地域福祉活動計画当時の拠点。現在は渋谷区役所庁舎で「地域福祉コーディネーター」「障がい者基幹相談支援センター」「要介護認定調査事業」を新規に実施し、「しぶやボランティアセンター」も移転となっている。また「せせらぎ地域包括支援センター」「渋谷区障害者就労支援センター」が別法人に移管され、「せせらぎ居宅介護支援ステーション」「ホームヘルパーステーション」は他の主体が増えたことから廃止となっている。

　渋谷区は15〜34歳までの比較的若い世代の転入も多く人口が増加傾向にあります。しかしながら、令和

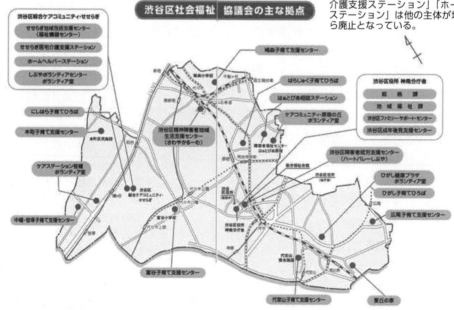

12年には生産年齢人口が次第に減少へと転じ、その後、高齢化の進展が急速に訪れていくことが予測されています。そうした地域性にある中、社協が『第2期地域福祉活動計画』を策定するちょうど同時期の平成28年10月に、渋谷区は平成29年度からの10年間を期間とする『長期基本計画』を策定しました。その基本計画には、「渋谷区基本構想」として渋谷区の未来像を語るフレーズに「ちがいをちからに変える街。渋谷」が掲げられました。その構想は社協の『第2期地域福祉活動計画』の策定にあたっても強く意識され、制度や分野別の枠組みを越え地域住民の活動がつながり、そして、自治会や民生児童委員のような地域の力と大学、企業、NPOの新しい力が連携し、多様性を新しい地域活動に活かしていくことがめざされました。

　このようにして策定された平成30年度からの『第2期地域福祉活動計画』では、最初の2年間は計画に基づく取組みを少しずつ始めて行きましたが、そこで直面したのが「コロナ禍」でした。当時、地域のイベントに積極的にアウトリーチしていく活動はいったんストップせざるをえず、コロナ禍に増大した地域課題への対応が急務となりました。こうした経験をふまえ、渋谷区社協では、現在、新たに始まった重層的支援体制整備事業もふまえて改めて『第3期地域福祉活動計画』の策定に取り組んでいます。

　当時の第2期の計画には16の重点事項実施項目が掲げられており、その中で取り組んだことは以下のようなものでした。

（1）「地域担当制」によるコミュニティソーシャルワークの実践

　民生児童委員協議会の7地区をまずは区内全体を3エリアに分けて「地区担当制」によるチームが地域に出て行くことを徹底し、各サロンや地域の会合に訪問する取組みを始めました。社協の「地域福祉部門」「子育て支援部門」「障害者福祉部門」「高齢者福祉部門」の係長級の職員により5名程度のチームをエリアごとに作り、権利擁護事業の職員は高齢者福祉部門に入りました。3つのエリアにより始めて計画期間を通じて、7地区ごとの「地域担当制」へと拡充していくことを目標としていました。

　コロナ禍でサロンや行事も地域では休止し、チーム体制を維持できたのは2年間でしたが、いくつかの気づきもありました。一つは、分野ごとの各事業も兼務している職員のため、把握した地域の困りごとを解決に向けた取組みへとすすめる体制が当時は用意できていなかったことです。もう一つは、チームの中には区からの委託事業を担っている職員もいるため、委託事業の範囲を超えるような地域との関わりについてどのように考えるかについて整理が必要だったことです。

　当時は道半ばに途絶えた取組みですが、令和4年度からは新たに地域福祉コーディネーターが社協に配置されています。渋谷区社協の強みを発揮できる可能性のあるこの経験が今後に活かされていくことが期待されます。

（2）ボランティア等の育成・支援の充実

　『第2期地域福祉活動計画』では、ボランティア活動について社会が多様化する中での円滑なボランティアコーディネート、既存のボランティアの高齢化に対応した新たな地域人材の育成、また、多様化するボランティアニーズに対応していくための福祉事業者、ボランティア団体、大学、NPO法人、企業等との連携の強化がめざされました。

　しぶやボランティアセンターにおける新たな取組みではQRコードを活用したボランティア登録のしくみづくりをすすめ、敷居を低くすることで参加しやすい工夫をしました。団体同士の連携では、災害などのテーマや課題に応じて企業やNPOの多様な主体とのつながりを作っていくことが必要です。区内には大学も複数あり、ボランティア活動に関心のある学生もいます。地域団体や学生たちがイベントをきっかけに地域とつながり、関心を持つ取組みもすすめました。今後、地域福祉コーディネーターの活動と連携を深め、ボランティアセンターの可能性が広がることが期待されます。

（3）「こどもテーブル事業」の拡充

　平成28年、地域と一体となって子どもの健全育成事業を推進する団体等を支援するため、『渋谷区社会福祉協議会子ども基金』が創設されました。同基金を活用して、地域住民等が主体となって運営している「子ども食堂」と「居場所づくり・学習支援」に対して『こどもテーブル活動助成』を行うとともに、後方支援として、活動場所の紹介、活動の周知、団体のつながりを支援しているのが社協の「こどもテーブル事業」です。同事業では、ボランティアの紹介も行っているので、地域の人と若い学生がつながるきっかけにもなっています。また、同事業を通じて社協から学校や保育園に周知することで、ニーズのある子どもたちが団体につながりやすくなると考えられます。

　平成30年2月には区内の「こどもテーブル」は32団体でしたが、令和5年12月現在、「子ども食堂団体」で65団体、「居場所づくり・学習支援団体」で49団体にまで拡がりました。そして、令和4年度からは新たに団体間の「横のつながりを作る会」を開催しています。団体間がつながる中、各団体からも関心がもたれているのは、子育て世代から高齢者までつながることのできる「多世代型こどもテーブル」です。第2期地域福祉活動計画でめざされた分野を超えたつながりがここでも芽生え始めています。この会には新たに社協に配置されている「地域福祉コーディネーター」も参加しています。多世代の活動への発展が地域福祉コーディネーターとの連携によりすすむことが期待されます。

（4）子どもから高齢者まで幅広い世代が集える「景丘の家」

　「景丘の家」は、平成10年に故人の遺志により「恵まれない、あるいは勉強する場所がない子どもたち」のためにと、新しく建て替えるための費用を含めた遺贈が行われたものです。平成31年3月に開設し、地下1階から3階までの広い施設を「こどもテーブル団体」だけでも10団体が利用しています。

　同施設を通じて「子どもから高齢者まであらゆる世代が交流できる」ことが第2期地域福祉活動計画でもめざされました。今後、多世代・多機能型の拠点の一つとして期待されます。

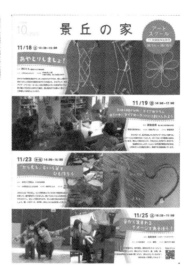

Ⅱ 『渋谷区地域福祉計画』と渋谷区社協

1 地域共生社会の実現をめざした区の地域福祉計画

　渋谷区では、「渋谷区基本構想」における『長期基本計画』をふまえ、制度・分野ごとの縦割りや「支え手」「受け手」という関係を超えて、地域住民をはじめ、地域で活躍するさまざまな団体が地域の担い手としての役割をもって地域とつながっていくことをめざし、令和４年度から令和８年度までを計画期間とする『渋谷区地域福祉計画』が策定されました。計画では社協が策定する『渋谷区地域福祉活動計画』と連携を図りながら、一体的に施策を推進していきます」と明記されています。前述の社協の『第２期地域福祉活動計画』と策定委員会も同じ委員長です。また、社協が策定中の第３期の地域福祉活動計画はこの計画と合わせた令和８年度までの計画とする予定です。

　区の地域福祉計画では、以下の４つの「基本施策」と11の取組を位置づけています。

基本施策	計画期間における取組	
1　地域共生社会の実現に向けた体制づくり	取組1	包括的な支援体制の構築
	取組2	重層的支援体制整備事業の実施に係る検討
2　福祉サービス、子育て支援サービス等の充実と利用促進	取組1	サービスの基盤整備
	取組2	権利擁護、虐待・自殺防止の推進
	取組3	社会福祉協議会における公益事業の推進 （地域福祉コーディネーター事業、障がい者基幹相談支援センターの運営と拡充、こどもテーブル事業など）
3　地域を主体とした福祉活動の推進	取組1	区民同士の交流の場や居場所の整備
	取組2	区民の地域社会への参加促進
	取組3	地域福祉を支える担い手の養成
4　災害時や感染症発生時の体制整備	取組1	避難行動要支援者を地域で守る仕組みづくり
	取組2	地域における防災推進連携体制の確立
	取組3	新型コロナウイルス感染症等新興感染症対策

2　社協に「地域福祉コーディネーター」を配置

　地域福祉計画では、従来の福祉サービスや制度の狭間で潜在化・複雑化している課題を把握するとともに、地域における関係機関のネットワーク化を進めるため、新たに地域福祉コーディネーターを配置することが盛り込まれました。

　計画に基づき、渋谷区社協に次の表のように、令和3年度以降、順次増配置され、地域のアセスメント、社会資源の把握に取り組み、令和5年度からは全体を統括する係長1名と担当エリアをもつ12名の計13名の地域福祉コーディネーターが配置されました。13名全員が生活支援コーディネーターを兼務しています。

	令和3年度	令和4年度	令和5年度
生活支援コーディネーター	2名配置	4名配置	13名配置 （地域福祉コーディネーター 兼生活支援コーディネーター）
地域福祉コーディネーター	−	4名配置	

　令和5年度から配置されている、担当エリアをもつ12名の地域福祉コーディネーター兼生活支援コーディネーター（以下、生活支援コーディネーターを兼務する場合も「地域福祉コーディネーター」と称す）は、区内を地域包括支援ケアの日常生活圏域に合わせた「北部」「西部」「東部」「南部」の4つのエリアに分けて、各エリアに3名ずつ配置しています。区内の地域特性として、「北部」「西部」は庶民的な町並みが広がる比較的つながりの強い地域で、「東部」「南部」は大学もあり、若者も多くおしゃれな町並みが広がる地域となっています。なお、区内の圏域は民生児童委員協議会が7地区、地域包括支援センターが11ヵ所となっています。

　12名の地域福祉コーディネーターは、区役所2階の渋谷区社協地域福祉課地域総合相談支援係に席をもっていますが、日中は地域の会合などに出向いたり、家庭訪問やアウトリーチなどの個別支援をしています。また、区役所2階での「福祉なんでも相談窓口」の対応のほか、後述する渋谷区文化総合センター大和田9階に令和5年11月に開設された「分室」での相談にも対応しています。毎日、夕方に全員で「夕礼」を行い情報の共有をしています。

大和田の「分室」に出向いている地域福祉コーディネーターはZoomで参加しています。月2回は係のミーティングを実施しています。

　「地域福祉コーディネーター」の業務は区の「地域福祉課」が所管し、「生活支援コーディネーター」の業務は「介護保険課」が所管しています。区の所管は異なりますが、『渋谷区地域福祉計画』では、「地域住民の場づくりを支援する『生活支援コーディネーター』、地域課題の把握や包括的な支援を行う『地域福祉コーディネーター』」と、2つのコーディネーターの役割を整理しています。その両方を地域福祉コーディネーター全員が兼務しており、一見すると、「地域福祉コーディネーター」は個別支援に寄っているように見えますが、実際には、各エリアで地域福祉コーディネーター兼生活支援コーディネーターが両方を兼務して業務に当たることで、個別支援と地域づくりの双方の視点を持つことができています。2つの所管が異なることから、今後、区において地域福祉課と介護保険課と連携した地域づくりも重要になると考えられます。

渋谷区社会福祉協議会
地域相談支援係
地域福祉コーディネーター

（南部）…左
横關昌弘さん、
林紀子さん、
塙梨咲子さん

（北部）…右
宇都宮愛子さん、
福地里奈さん、
三宅真弓さん

Ⅲ 「重層的支援体制整備事業」と渋谷区社協の取組み

渋谷区では、令和5年度から重層的支援体制整備事業を本格実施しています。令和5年度までに都内では12の自治体で同事業が実施されていますが、初年度の令和3年度から実施している2つの自治体を除くと、「移行準備事業」を経ることなく本格実施に入ったのは都内では渋谷区初めてとなっています。

本格実施にあたり、区では『渋谷区重層的支援体制整備事業実施計画』が令和5年4月に策定されており、令和5年度からは新たに同事業を所管する「地域福祉課」が設置されています。第1期に当たる同計画は、地域福祉計画の計画期間と合わせて令和8年度までの4年間の計画とし、今後は5年ごとに計画を策定していくことが想定されています。

同計画によると、計画の策定にあたっては、区では副区長を座長とする関係所管を集めた庁内検討会が設置され、令和3年には、複雑化・複合化した困難事例等について、庁内関係部署にヒアリングを実施し、その結果、個人や世帯が複数の課題を抱えており、その課題が複数の分野にまたがっているケースがあることわかりました。そうした現状をふまえ、既存の区の相談支援機関（高齢者、介護、障がい者、子ども・子育て、生活困窮の分野ごとの相談窓口）が、連携・協働して相談支援を行う体制づくりの準備がすすめられてきました。

1「包括的相談支援」と渋谷区社協

渋谷区では、重層的支援体制整備事業の本格実施にあたり、「包括的相談支援の体制」に既存の各部門の相談窓口を位置づけるとともに、新たに「福祉なんでも相談窓口」と「福祉なんでも相談分室及び出張相談」を位置づけました。

（1）既存の相談窓口

既存の相談窓口として、『渋谷区重層的支援体制整備事業実施計画』では、以下の既存の相談窓口が「包括的相談支援事業」に位置づけられました。渋谷区社協は障がい福祉分野、子育て支援センターにおいて包括的な相談支援の窓口の一翼を担います。今後、地域内での相談機関同士の連携につながるための属性や世代を問わない相談支援の取組みをすすめるため、既存の相談機関と地域福祉コーディネーターとの連携が期待されます。

包括的相談支援を担う相談窓口		
1	地域包括支援センター	11ヵ所。全て社会福祉法人渋谷区社会福祉事業団が受託。
2	障がい者福祉課	1ヵ所。直営。
3	渋谷区障がい者基幹相談支援センター	1ヵ所。渋谷区社協が受託。
4	はぁとぴあ相談ステーション	1ヵ所。渋谷区社協が受託。
5	精神障害者地域生活支援センター「さわやかるーむ」	1ヵ所。渋谷区社協が受託。
6	地域活動支援センターふれあい	1ヵ所。区の補助金事業として社会福祉法人ふれあい福祉協会が運営。
7	渋谷区子育てネウボラ	1ヵ所。神南ネウボラ子育て支援センターは、まちの研究所株式会社が受託。その他は、施設内で直営により実施。
8	渋谷区子育て世代包括支援センター	5ヵ所。直営。
9	保育課窓口	1ヵ所。直営。
10	子育て支援センター	7ヵ所※。神南ネウボラ子育て支援センターは、まちの研究所株式会社が受託。その他は渋谷区社協が受託。 ※令和5年4月現在
11	渋谷区生活支援相談窓口	生活困窮者自立相談支援事業の相談窓口。1ヵ所。NPO法人インクルージョンセンター東京オレンヂが受託。

（2）「福祉なんでも相談窓口」

　重層的支援体制整備事業の実施に伴い、渋谷区社協では、地域福祉コーディネーターを中心に「福祉なんでも相談窓口」を①窓口相談（区役所2階／分室）、②LINE相談受付、③巡回型福祉なんでも相談、の3つの相談を担います。区民の相談ニーズの特性に応じたさまざまな形態での取組みです。

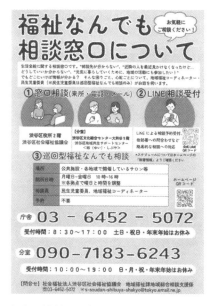

①-1　福祉なんでも相談窓口（区役所2階）

　困りごとを抱える区民が区役所を訪れエスカレーターで2階に上がると、「福祉手続き・相談」の部署が集まったフロアにたどり着きます。このフロアには、区の障がい者福祉課、介護保険課のうち手続きや相談に関わる部門の窓口とともに、生活困窮に関わる相談・支援を担う相談支援課、そして、その奥には渋谷区社協のボランティアセンターと、地域福祉コーディネーターのいる地域福祉課が窓口を構えています。

　生活困窮者自立支援事業の自立相談支援事業を担う窓口と同じフロアにいるのは利点の一つです。入ってきた相談をお互いにつなぐことで、お互いのネットワークを活かし、包括的相談支援の糸口としていくことができると考えられます。

　『渋谷区には生活困窮者は少ないのではないか』と思われることもありますが、区内でも8050問題やゴミ屋敷と言われるような課題が、地域福祉コーディネーターのもとに入ります。「近所にゴミ屋敷があって心配だ」。そんな相談が入ると、地域福祉コーディネーターはその家を訪ねます。その際、「このあたりの家を回って困りごとがないかをお聞きしてい

ます」と声をかけます。「問題がある」という視点ではなく、本人自身が主体的に解決したいと思う困りごとを小さなことからでも探し、時間をかけて支援の糸口を探っていこうとしています。課題に応じて関係機関と一緒に訪問することもあります。

①-2 福祉なんでも相談窓口（大和田分室）

令和5年11月に渋谷区文化総合センター大和田の9階に「渋谷区地域共生サポートセンター『結（ゆい）・しぶや』」がオープンしました。同センターは前述の地域福祉コーディネーターの担当エリアでは、「南部」の桜丘町に位置しています。分室での相談は、本庁では対応できない時間に窓口を開設する目的もあります。①-1の本庁の「福祉なんでも相談窓口」は月曜日から金曜日の8：30～17：00に開設しているのに対し、①-2の分室の「福祉なんでも相談窓口」は火曜日から土曜日の10：00～19：00に開設しています。分室の

渋谷区社会福祉協議会　地域相談支援係
地域福祉コーディネーター
前田泉美さん（東部）、梅山美智子（西部）さん

窓口には、10：00～18：45に勤務する地域福祉コーディネーター1名、10：30～19：15に勤務する地域福祉コーディネーター1名の計2名がエリアの担当にかかわらず、ローテーションで出向いて相談にあたっています。

② LINE相談

福祉なんでも相談窓口では、「LINE相談受付」も実施しています。当初は面談による相談の予約や簡易的な相談への対応を想定しましたが、始めてみると、対面が苦手な方からの相談やひきこもりの方との連絡ツールとしての活用に有効であることがわかってきました。

③ 巡回型福祉なんでも相談

公共施設や各地域で開催しているサロン等に地域福祉コーディネーターが出向き、民生児童委員と一緒に「巡回型福祉なんでも相談」を実施しています。巡回型なんでも相談は、地域に身近な相談窓口になっています。予約も不要で、どなたでも相談することができます。まだまだ関係機関にも知ってもらうべく周知に取り組んでいるところですが、相談に訪れるのは高齢者が多くなっています。民生児童委員が一緒に相談窓口に出てくれることで、担当地区の民生児童委員に

つないでくれたり、地域に密着した情報提供をしてもらえるメリットがあります。

　周知にあたっては「お話をお伺いします」とチラシに謳い、呼びかけには「相談先がわからない」「近隣の人を最近見かけなくなったけど…。どうしていいかわからない」「元気に暮らしていくために、地域の活動に参加したい」といった、困りごとから参加してみたい活動のことまで幅広く対象に入れています。実際に窓口で聞く相談は、介護保険の申請のことから、お墓のことでの相談、また、成年後見制度について、といった相談が寄せられます。

2 「多機関協働事業」に関する体制

　『渋谷区重層的支援体制整備事業実施計画』によると、多機関協働事業は区直営で令和5年4月から新たに設置された、区の福祉部地域福祉課が担っています。「重層的支援会議」は、構成員を地域福祉課が事例ごとに選定し招集することとし、月1～2回、定期的に開催するとともに、必要と判断される場合は、随時開催されます。「支援会議」も本人から情報を取得することが難しいさまざまなケースの支援に活用し、地域福祉課が事例ごとに構成員を選定し、随時開催されることとなっています。会議にはケースに応じて地域福祉コーディネーターも参加しています。

3 「アウトリーチ等を通じた継続的支援」「参加支援」と渋谷区社協

　「アウトリーチ等を通じた継続的な支援」は、渋谷区社協の地域福祉コーディネーターが中心となり、複雑化・複合化した課題を抱えながらも支援が届いていない人や世帯を把握し、時間をかけた丁寧な働きかけを行いながら信頼関係を構築していきます。「支援会議」を経て、訪問して信頼関係を築くための取組みとして始めることもあります。ケースに応じて地域福祉コーディネーターが複数で訪問したり、世帯を知る地域包括支援センターや民生児童委員と一緒に訪問することもあります。

　「参加支援」も、渋谷区社協の地域福祉コーディネーターが中心となり、既存の社会参加に向けた事業では対応できない、複雑で多様なニーズに対応していきます。渋谷区地域共生サポートセンター「結（ゆい）・しぶや」では、前述の福祉なんでも相談窓口の分室とともに、「ひきこもり支援」として当事者・当事者家族に向けたプログラムを実施していきます。地域福祉コーディネーターが相談をお受けした方と一緒にその"場"を作っていくことをすすめています。

4 「地域づくりに向けた支援」と渋谷区社協

　重層的支援体制整備事業の「地域づくりに向けた支援」をすすめるにあたって、既存の事業では対象別の制度の壁があるため、効果的な取組みが十分にできないことも想定されます。そこで、『渋谷区重層的支援体制整備事業実施計画』では、こうした壁を取り除き、例えば、高齢者を対象とした事業であっても、高齢者と子どもが一緒に多世代で交流するような事業の実施がしやすくなるよう、各補助金の一体的な運用を想定し、地域における多世代

の交流や多様な居場所を作っていくことがめざされています。

　さらに、『渋谷区重層的支援体制整備事業実施計画』では、「地域づくりのコーディネート・プラットフォーム」づくりがめざされています。それは、既に地域づくり活動を行っている団体や、地域づくり活動に関心のある住民、地域の居場所創設の可能性のある団体等が、互いの関心や活動を有機的につなげる場、互いに相談・協議・学びができる場としてのプラットフォームです。

　その取組みをすすめるため、渋谷区地域共生サポートセンター「結（ゆい）・しぶや」では、NPOによる「コミュニティマネジャー」と呼ばれる団体支援の専門職が新たに配置されました。団体同士のつながりから新たな可能性を生み出す取組みには学ばされることも少なくはなく、ここでも渋谷らしい多様な視点による地域づくりの協働が今後、期待されます。

渋谷区地域共生サポートセンター「結（ゆい）・しぶや」オープン！

文化総合センター大和田9階にオープンした「結（ゆい）・しぶや」は、渋谷区において重層的支援体制整備事業^(※)を担う地域の多様な主体同士が繋がるプラットフォームです。

※重層的支援体制整備事業とは、子ども・障がい・高齢・生活困窮等の分野別の支援体制では対応しきれない複雑化・複合化した課題に対して、分野を横断し一体化して取り組むための包括的な支援体制を整備する事業です。

結しぶや公式アカウント

福祉なんでも相談窓口 分室

福祉なんでも相談窓口の分室を開設します。
　これまで相談を実施していた区役所2階社会福祉協議会窓口、LINE相談、巡回相談だけでなく分室でもお待ちしています。

福祉なんでも相談窓口

フードパントリー（食の支援）

地域福祉コーディネーターが相談をお受けした、ひとり親、失業、生活困窮等の理由で食事・生活にお困りの方に食品を配布します。
　また、ご家庭で不要となった食品を集めるフードドライブが各窓口でスタートします！

お渡ししている食品一例
（寄付状況により変わります）

ひきこもり支援
（当事者・当事者家族の居場所）

地域福祉コーディネーターが相談をお受けした方と支援活動を実施予定です。

シブヤロコミュ東南・北西に分けて実施しました！

シブヤロコミュ（シブヤ×ローカル×コミュニティ）では、渋谷区に活動拠点のある団体が交流し、協働できることを一緒に考えています。派生プロジェクトがスタートする等団体同士の繋がりの輪が広がっています！

8月3日東南　　　10月5日北西

地域の話し合いの場交流会を実施します！

区内11圏域にて、月1回地域の話し合いをしてきました。
日にち：11月30日（木）12:00 開場予定
場　所：渋谷区役所15階スペース428にて各地区の発表を行います。どなたでも参加自由です！

西原地区の様子　　　大向〇△□の様子

15名の地域福祉コーディネーターを配置し、区の多機関協働事業の単位となる4つの基本圏域ごとに社会福祉法人のネットワークの活動等とも連携

―大田区社協における重層的支援体制整備事業の取組み

　大田区では、「重層的支援体制整備事業」を令和5年度から開始しました。区は同事業を「『大田区版の地域共生社会』を実現するべく包括的な支援体制を整備するための『手段・事業』である」と位置づけています。4年度から「移行準備事業」に取りかかり、大森地域で重層的支援会議をモデル実施しました。大田区では包括的相談支援にいわゆる「総合相談窓口」は設けず、既存の分野別の相談支援機関のスキルアップやネットワーク化に力を入れています。そのため、4つの基本圏域ごとの各庁舎にある各地域福祉課に区の「地域包括ケア推進担当」が多機関協働事業を実施して圏域内の相談機関に寄せられる課題の解決に必要なチームづくりを担います。

　大田区社協では、平成30年度から「地域福祉コーディネーター」を配置し始めました。令和3年度からは区が地域包括支援センターに配置している「地域ささえあい強化推進員」と合わせて13名を「地域福祉コーディネーター」に統合し、社協事務所を拠点に圏域ごとのチームを作ってきました。令和5年度に「地域福祉コーディネーター」は15名となり、4つの基本圏域ごとに3～5名ずつのチームで活動しています。

　また、大田区社協では平成28年度から18の日常生活圏域ごとに、社協内の部署を越えた常勤職員を「地区担当職員」として配置し、社協職員として地域との関係づくりを深めながら、地域福祉コーディネーターの活動と連携しています。さらに、平成27年に設立した「大田区社会福祉法人協議会（おおた福祉ネット）」も4つの基本圏域ごとに幹事法人を中心とした活動を展開しています。

　地域福祉コーディネーターは、重層的支援体制整備事業では「参加支援」と「地域づくり支援」を受託しています。積極的に地域へ出向き、令和4年度には237件の「個別支援」の相談が寄せられています。その8割は一人あたり複数の困りごとが絡み合っており、地域福祉コーディネーターには地域で制度の狭間等によって孤立傾向にある方を地域資源を含め必要な支援につなぎ、個別支援と地域支援を結ぶ役割が期待されています。

〔ヒアリング日：令和6年1月11日〕

（後列左から）大田区社協　地域福祉推進課地域共生担当　主任　河野由紀子さん、主任　武藤渓一さん、総務課計画・組織基盤・人材育成担当係長　根本恵津子さん、地域福祉推進課地域共生担当　主任　内藤博幸さん、主事　北澤一樹さん、（前列左から）事務局次長　近藤高雄さん、事務局長　中原賢一さん

大田区における重層的支援体制整備事業の全体像

『令和5年度大田区重層的支援体制整備事業実施計画』(令和5年4月)より作成

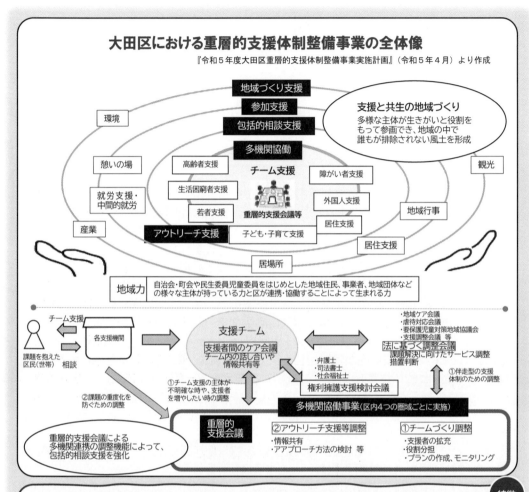

特徴

1 4つの基本圏域ごとに区に「地域包括ケア推進担当」を配置し、直営で多機関協働を実施

▶基本圏域である4圏域(大森、調布、蒲田、糀谷・羽田)の各庁舎にそれぞれ「地域福祉課」を設置し、「地域包括ケア推進担当」が多機関協働事業を実施する。多機関協働では、権利擁護支援との連携も位置づけている。

2 いわゆる「総合相談窓口」は設けない

▶包括的相談支援に「総合相談窓口」は設けず、既存の相談支援機関のチーム支援を多機関協働事業がサポートする。また、相談支援機関をはじめとする地域の福祉従事者のスキルアップのため、区が機能設置した「大田区福祉人材育成・交流センター」が「複合的課題対応研修」などを実施している。

3 15名の地域福祉コーディネーターが4つの基本圏域ごとに活動

▶重層的支援体制整備事業では、地域福祉コーディネーターは「参加支援」「地域支援」を受託。15名の地域福祉コーディネーターを4つの基本圏域ごとに3〜5名ずつ配置し、個別支援、地域支援、参加支援を一体的に取り組んでいる。41の社会福祉法人が参加する協議会の「おおた福祉ネット」もこの4つの圏域ごとに幹事法人を中心とした活動を地域福祉コーディネーターと連携した展開している。また、18の日常生活圏域に社協の常勤職員が部署を越えて「地区担当職員」として配置され、4圏域の地域福祉コーディネーター活動と連携した取組みを行っている。

4 『重層的支援体制整備事業実施計画』は毎年更新

▶大田区では重層的支援体制整備事業は、「大田区版地域共生社会」を実現するための手段に位置づけている。『令和5年度重層的支援体制整備事業実施計画』には、令和5年度に取り組むべき視点を設定し、その視点に基づき庁内の「地域共生社会推進本部」で体制整備の進捗を確認し、計画を毎年更新する。

I　大田区社協がこれまでに取り組んできた地域福祉活動

1　4つの基本圏域と18の日常生活圏域が基本

人口73万人と自治体規模の大きい大田区には、地域庁舎を単位とした4つの基本圏域（大森／調布／蒲田／糀谷・羽田）があります。さらに、そのもとに特別出張所単位の18の日常生活圏域が設定されています。

基本圏域（4）	大森	調布	蒲田	糀谷・羽田
日常生活圏域 （18）	大森西 入新井 馬込 池上 新井宿	嶺町 田園調布 鵜の木 雪谷 久が原 千束	六郷 矢口 蒲田西 蒲田東	大森東 糀谷 羽田

4つの地域庁舎には、それぞれに地域福祉課、生活福祉課、地域健康課が置かれ、各地域福祉課を中心に関係機関が連携しながら、単独の日常生活圏域では解決できない専門的な課題に対応する「基本圏域」となっています。各地域福祉課にはそれぞれ区の係長級1名を含んだ3名の「地域包括ケア推進担当」が配置されているのが大田区の特徴です。分野横断型の個別支援のための総合調整と包括的支援体制を確立するためのネットワーク

クづくりを行っており、重層的支援体制整備事業の多機関協働も4つの基本圏域ごとに「地域包括ケア推進担当」が担っています。

民生児童委員協議会は日常生活圏域と同じ18地区、地域包括支援センターは日常生活圏域に複数設置されているところもあり23か所です。

大田区社協では現在、15名の地域福祉コーディネーターを4つの圏域ごとに3～5名のチームを作り配置しています。大田区社協は発足当初は当時の民協を単位に9つの地区社協が設立され、その連合体としてスタートし、昭和58年に合併するまでは東西社協に分かれていました。平成3年に社会福祉センターに移転し、現在、社協のすべての部署が同センター内に事務所を構えています。地域福祉コーディネーターも社協の事務所から圏域へと出向き活動しています。

2　地域福祉コーディネーターのチーム体制を強化

区では平成30年度からフレイル予防の地域づくりを展開するため、「地域ささえあい強化推進員」を段階的に配置しました。

平成29年度に区が実施した「大田区地域福祉計画実態調査」では、8割の区民が「地域の助け合いが必要」と答えています。そうしたことから平成30年度に社協でも4つの基本

圏域に１名ずつの「地域福祉コーディネーター」を区からの補助金を財源に配置しました。

　令和２年度には「地域福祉コーディネーター」が５人に増員され、地域包括支援センターの「地域ささえあい強化推進員」とも連携して活動に取り組んできました。

　さらに、令和３年度には「地域ささえあい強化推進員」と「地域福祉コーディネーター」がお互いの強みを活かしあうため、13人すべての名称と役割を「地域福祉コーディネーター」に統合し、全員が社協を拠点としてともにチームを組むようになりました。

	区	社協
平成30年度	地域ささえあい強化推進員：４名	地域福祉コーディネーター：４名
令和元年度	地域ささえあい強化推進員：６名	
令和２年度	地域ささえあい強化推進員：８名	地域福祉コーディネーター：５名
令和３年度	地域福祉コーディネーター：13名	
令和４年度	地域福祉コーディネーター：13名	
令和５年度	地域福祉コーディネーター：15名	

令和５年度は15名の地域福祉コーディネーターを４つの圏域に配置するとともに、全体を統括する係長を１名配置しています。日常生活圏域は18か所ありますが、現在は４つの基本圏域の中でさらにエリア担当を分けるのではなく、３〜５名のチームで担当しています。

３　令和元年〜５年度の第６次『大田区地域福祉活動計画（リボン計画）』

（１）地域福祉活動計画と市の地域福祉計画の連携

　大田区社協では、平成８年に『第１次地域福祉活動計画（リボン計画）』を策定し、それ以降、『第６次地域福祉活動計画（リボン計画）』まで改定を重ねてきました。一方、区でも平成６年に最初の『地域福祉計画』を策定以降、その改定を積み重ねています。社協は『第

6次地域福祉活動計画』を策定する際、その計画期間を1年半早めて令和元年10月から令和6年3月までの計画とすることで、令和元年度からの区の『地域福祉計画』との連携・協働を図りました。計画期間の終わりも市の計画に合わせ、令和6年度からの『第7次地域福祉活動計画』からは同じ計画期間で取り組んでいきます。両計画の担当者は毎月、打ち合わせを行っています。委員も半分以上の方が重なっており、両計画が連携しながらの策定と推進をすすめています。

	平成28年度	平成29年度	平成30年度	令和元年度	令和2年度	令和3年度	令和4年度	令和5年度	令和6年度
大田区地域福祉計画									
大田区地域福祉活動計画		第5次地域福祉活動計画				第6次地域福祉活動計画			

　また、大田区社協には計画担当係長をはじめ、「計画」や「人材育成」を担当する職員を3名配置しています。時代の変化が激しい中、周辺情報を収集したり、行政のさまざまな施策と連携していくことが重要となっています。

（2）地域福祉コーディネーターとボランティアコーディネーター、権利擁護支援の連携

　第5次活動計画の基本理念である「人を結び 地域で支え合う」は、第6次では「互いに結びあい 共に支えあう まち」へと発展しました。こうした理念を実現するため、第6次計画では、「地域福祉コーディネーター」「おおた地域共生ボランティアセンター」「おおた成年後見センター」を『3つのエンジン』に位置づけました。そのため、大田区社協では令和元年度に事務局組織を再編し、「法人運営センター」「成年後見センター」「地域共生ボランティアセンター」の3つのセンターから成る体制をつくりました。

　「地域共生ボランティアセンター」のもとには、「地域共生担当」（＝地域福祉コーディネーターを配置）と「ボランティア担当」を置き、両者がお互いの強みを活かした地域づくりをすすめています。地域共生担当とボランティア担当は頻繁に打ち合わせを重ねています。エリアを担当する地域福祉コーディネーターは地域をミクロの視点で見ることでき、一方、ボランティアコーディネーターは圏域をもたず地域全体で活動を見渡す視点をもっており、両者の連携はお互いの強みを活かしたものとなっています。

　そして、地域づくりの下支えとして権利擁護支援を担う「成年後見センター」を位置づけ、「成年後見センター」では、弁護士、司法書士、社会福祉士をメンバーとする「権利擁護支援検討会議」を運営しています。それによって、福祉に限らない権利擁護支援のための専門的な対応力を高めることができます。

（3）地域福祉コーディネーターとは別に、部署を越えて「地区担当職員」を配置

　大田区社協では、平成28年度から18か所の日常生活圏域ごとに「地区担当職員」を配置しています。地域福祉コーディネーターと係長職を除く常勤職員全員が自身の担当業務と兼務しながら担っています。担当地区を変えず同じ地区に関わり続けるのが特徴です。「地区担当職員」は住民の視点でその地区に関わることを心がけ、担当圏域の民生委員協議会の会議と毎月開催される「地域力推進会議」に必ず出席するようにしています。「地域力推進会議」は区の特別出張所が所管し、地域の課題を地域の力で解決するため、町会、民生委員協議会、学校、地域包括支援センター、消防や清掃の関係機関など80人ほどで構成されています。地区担当職員が必ず毎月2つの会議に出て関係を作ってくれているので、地域福祉コーディネーターは必要な時に必要な課題を提案して関係機関と連携が取りやすくなっています。

（4）4つの基本圏域ごとに活動を広げる「大田区社会福祉法人協議会（おおた福祉ネット）」

　平成27年7月、大田区内の社会福祉法人が連携し、「大田区社会福祉法人協議会（おおた福祉ネット）」が立ち上がりました。区内に法人本部または事業所を有する社会福祉法人のネットワークで、現在41法人が参加しています。ネットワークの運営は社協を含む5つの幹事法人ですすめています。社協を除く4つの幹事法人は、各法人が所在する4つの基本圏域をそれぞれ受け持ち、4つの圏域ごとの活動を推進する力になっています。併せて、各圏域の地域福祉コーディネーターと連携し、圏域内の法人の現場職員も参加しながら各地域の課題をふまえた活動に取り組んでいます。

　各エリアでは幹事法人を中心に地域福祉コーディネーターと連携しながら、次のように取組みをすすめています。

大森エリア	年2回のエリア会議で各法人が情報交換する中、地域の課題をふまえた活動を検討しています。コロナ禍で中断していたイベントが4年ぶりに開催されるにあたって、各法人が合同でブースを出す活動も始まっています。
調布エリア	食支援に関心のある法人が多く、「フードパントリー」を一緒に開催しました。食品を配るだけでなく、それを通じて相談につなげていくため、地域包括支援センター、生活再建・就労サポートセンター、地域福祉コーディネーター等の連携による「まちかど相談室」やカフェとセットで実施していくことを検討しています。
蒲田エリア	高齢者施設の交流スペースを多世代に向けて活用していくことを社会福祉法人、地域福祉コーディネーター、民生児童委員、町会、学校が連携しながらすすめていこうとしています。
糀谷・羽田エリア	幼児期から高齢期までの各施設・事業所がお互いを知るため、施設見学を兼ねながらエリア会議を開催し、グループワークで事例検討に取り組んでいます。

地域のイベントに合同で出展

フードパントリー開催

蒲田エリア会議

糀谷羽田エリア会議

（5）地域課題を共有し合う「プラットフォーム事業」

　平成29年に大田区社協では六郷地区で「六郷たすけあいプラットフォーム」を立ち上げ、同地区で関心が高かった「子どもをめぐる課題を共有する」をテーマに話し合いを行いました。その後、プラットフォーム事業は、地域福祉コーディネーターを担当に現在は「蒲田西たすけあいプラットフォーム」、「矢口たすけあいプラットフォーム」でも活動が始まっています。幅広いメンバーで「居場所づくり」にアイディアを出し合う活動であったり、また、既存の相談機関が感じている課題を持ち寄る中で「外国籍住民への関わり」が共通課題に上がるといったプラットフォームづくりの取組みが行われています。

Ⅱ　地域福祉コーディネーターの活動実績の可視化

1　地域福祉コーディネーターが行う「個別支援」と「地域支援」

　大田区社協では、『地域福祉コーディネーター活動報告書』を作成し、地域福祉コーディネーターの活動を可視化しています。そこでは、「個別支援」の統計と「地域支援」の統計を分けて記載しています。例えば「個別支援」では生活困窮、精神疾患や病気、家族関係の相談のほかに、ゴミ屋敷や8050問題、ペット問題、不登校の問題等、分野を問わずさま

ざまな相談を受けられることを紹介しています。また、「地域支援」では、子ども食堂の立ち上げ支援や地域の話し合いの場づくり、買い物難民地域での移動支援等の支援を紹介しています。この二つの支援について、実際には地域福祉コーディネーターは一体的な支援と捉えて取り組んでいますが、地域住民等にわかりやすく見えるように工夫して分けています。その分け方は、地域福祉コーディネーターの主観の部分もありますが、ボランティアをしたいという相談でも、個人の継続的な相談については個別支援、地域の居場所に関するボランティアであれば地域支援に分けるなど、地域福祉コーディネーター自身がどちらに

重きを置いているかを大切にしています。また、「個別支援」の分析では、個人のケースを取り上げるのではなく、「困りごと」に注目して分析を行っています。令和4年度の報告書では、複数の困りごとが絡まりあっている方が8割を超えています。このような複数の困りごとをもつ方への支援として、訪問や相談窓口への同行を行い、「これまでどこにも相談したことのない方の85%が地域福祉コーディネーターの相談をきっかけに相談機関や地域の活動につながりました」と報告されています。

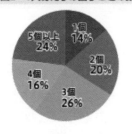

表1　地域福祉Coへの相談内容

ゴミ屋敷	8050問題	ペット問題
不登校	詐欺被害	近所トラブル
ギャンブル	出産費用等	離婚協議
虐待・DV・ヤングケアラー		社会的孤立

図2　1人あたりの困りごとの数

5個以上 24%
1個 14%
2個 20%
3個 26%
4個 16%

「地域支援」では、情報提供や他団体へのつなぎ等の単発の支援ではなく、継続的な支援を行ったケースを分析しています。活動内容について、令和4年度の報告書では「電話」が1,716件、「訪問」が1,810件とほぼ同数の活動になっていましたが、令和5年度の上半期時点では「訪問」での支援が活動内容の約70%を占めており、地域福祉コーディネーターが地域に出向いて活動を行うことがより活発化しています。

2　「参加支援」への取組み

　令和4年度報告書では、「地域支援」でかかわった個別の相談のうち、27名に「参加支援を行った」と報告されています。ひきこもりがちな方を地域の居場所につなげた支援、不登校で外出が難しいお子さんに得意なアクセサリーづくりを依頼し、地域のお子さんにお渡しするなどの支援が具体例として挙げられています。そのほかにも「ほほえみごはん事業」（＝ひとり親家庭への食支援と見守り活動を通じて地域の方々とのつながりをつくることを目的としている事業）の利用者がボランティアを行う側にまわるなど、支えたり支

地域とつながることのできない個人に対してのアプローチ（個別支援）

地域の活動に加わるアプローチ（参加支援）

個人がつながることのできない地域に対してのアプローチ（地域支援）

えられたりする関係性をつくっていたり、切手ボランティアを通じて年齢や病気に関係なく誰もが活躍できる地域の場をつくっているなど、積極的に参加支援を行っています。

　令和4年度の報告書のタイトルにもあるように孤独・孤立することのない誰もが豊かに暮らせる地域をめざして地域福祉コーディネーターが既存の制度では難しいニーズにも、ご本人の想いと地域の居場所をつなげることで新たな役割を生み出すなど、社会とのつながりづくりに積極的に取り組んでいます。

3　記録のとり方

　大田区社協では事務局内でサイボウズを使用しており、地域福祉コーディネーター同士も主にサイボウズを使用してコミュニケーションをとっています。

　また、記録の作成については、行政が重層的支援体制整備事業の記録についてカナミックを使用することになっているため同じく使用しています。ただし、それをボランティアセンター等の別部署では使用できないこともあり、あわせてエクセルでも集計を行っています。今後は社協全体での共有をめざし、キントーンの導入も検討中です。

4　地域住民と地域福祉コーディネーターの活動を共有するために

　このような地域福祉コーディネーターの取組みについて、活動報告書を作成するだけでなく、1年間の取組みを報告し、区民と共有する場として年に1回「地域福祉コーディネーター等実践報告会」を行っています。この報告会は自治会の方、民生委員、地域活動団体、社会福祉法人職員等関係者だけでなく地域住民なら誰でも参加することができ、また、行政職員の参加もあります。地域住民に地域課題を「我が事」として捉えてもらえるよう、地域福祉コーディネーターだけが報告するのではなく、地域住民と一緒に報告することにも取り組んでいます。地域住民の方に伝えることを第一に考え、専門用語は使わず、わかりやすい表現で報告することを心がけています。

Ⅲ 「重層的支援体制整備事業」と大田区社協の取組み

1 大田区社協がめざすのは、相談支援〜参加支援〜地域づくりのサイクル

　大田区社協の地域福祉コーディネーターは、重層的支援体制整備事業では「参加支援事業」と「地域づくり支援事業」を受託していますが、実際には地域福祉コーディネーターの活動には「個別支援」の相談も増えています。地域福祉コーディネーターや社会福祉法人協議会などによる取組みも「包括的相談支援事業」や「多機関協働事業」との関わりが大きくなってくると考えられます。

　令和5年度の上半期は地域福祉コーディネーターに相談のあった96ケースのうち、「相談のきっかけ」は「食料支援」が30件（31%）と最も多く、「社協内部から」も20件（21%）、「アウトリーチ先」も13件（14%）とみられます。

図　相談のきっかけ　　　　　　　　　（単位：件　全体 =96）

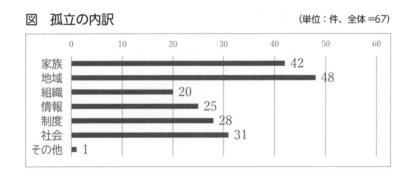

　また、ケースの7割に当たる67ケースに「孤立している」という状況がみられました。「地域からの孤立」「家族からの孤立」が多く、合わせると約半数の方が近しい人や場所で孤立しています。

図　孤立の内訳　　　　　　　　　　（単位：件、全体 =67）

　困りごとを複数抱えている方は令和4年度と同様の8割ですが、4年度よりも一人あたり0.74個の困りごとの重なりが増えており、より課題が複雑化・複合化している状況がうかがえます。「困りごと」の内容では、「経済的困窮」が21%と最も多く、次いで「状況や課題の整理」が14%、「家族関係」が12%、「就労」が12%、「食料」が10%、「住居」が8%と続きます。

表　ケースごとの困りごとの数　　　　　　　　　　　　　（単位：件　全体＝96）

	1個	2個	3個	4個	5個	6個	7個	9個	10個
令和5年度上半期	14%	24%	23%	17%	11%	5%	4%	1%	1%
令和4年度	20%	31%	27%	14%	7%	1%	1%	0%	0%

図　困りごとの内容　　　　　　　　　　　　　（単位：件　全体＝96）

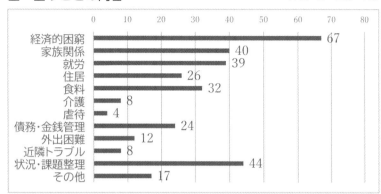

　なんらかの資源につないだケースは74ケースとなっていますが、つなぎ先が「公的機関」では「生活福祉課」が22%と最も多く、「JOBOTA」が14%、「地域包括支援センター」が12%、「社協内部」が12%、「保健所」が8%と続きます。つなぎ先が「地域の資源」では、「地域活動団体」がいずれも72%で、その半分は「居場所」に関するもの、「民生委員」が15%となっています。

図　つなぎ先（公的機関）　　　　　　　　　　　　　（単位：件　全体＝96）

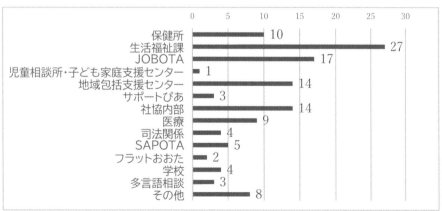

図　つなぎ先（地域の資源）　　　　　　　　　　　　（単位：件　全体 =96）

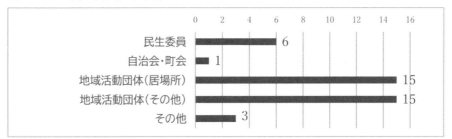

また、令和5年度上半期に相談のあった96ケースのうち、「参加支援」を行っているケースは3割にあたる29件。令和4年はこの割合が13%だったので、その割合は高まっています。「参加支援」の内容では「活動参加（地域）」が32%と最も多く、「就労支援」も23%と多くみられます。重層的支援体制整備事業の「多機関協働プラン」につないだのは3件ですが、「参加支援プランの作成」を行ったものはまだなく、どのような流れでプランを作成するかは今後の課題といえます。「参加支援」をすすめていくにあたっては、社協の地域福祉コーディネーターは一人ひとりに応じたオーダーメイドによる支援が必要と考えています、社会とのつながりを回復していくうえで重視しているのは「役割の付与」です。出かける場所があることが社会参加とは限らず、その人自身が何らかの役割をもつことができることが大切と考えています。

図　参加支援を行っているケース

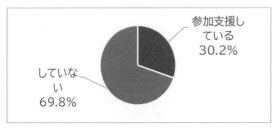

図　参加支援の内容　　　　　　　　　　　　　　　（単位：件　全体 =31）

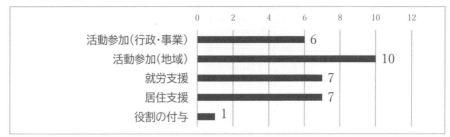

令和5年度上半期の「地域支援」の活動件数を地区別にみると、4つの地区のうち、昨年に地域福祉コーディネーターの人事異動が多かった地区が今年度は活動が倍増し、今年度

に人事異動が多かった地区では逆に活動が減少する傾向がみられました。このことからも地域福祉コーディネーターの活動には引き継ぎやチームづくりに一定の時間も必要なことがうかがえます。連携する関係者では「住民」「非営利団体」と直接関わる件数が増えている。重層的支援体制整備事業における「地域づくり支援」では、これまでに取り組んできた、地域の課題を共有し合う「プラットフォームづくり」を強化していく予定です。

　包括的支援体制を整備するための手法の一つである重層的支援体制整備事業が大田区で実施される中、大田区社協では、その柱である「相談支援」「参加支援」「地域づくり」の3つの支援が途切れないよう接着剤となり、リング状に発展するようなネットワーク化をしていく役割をめざします。

【相談支援〜参加支援〜地域づくりのサイクル】

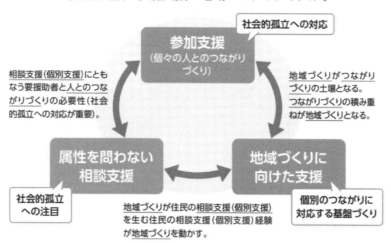

出典：日本福祉大学 渋谷篤男教授 資料「包括支援体制を地域の立場で考えると」より

Ⅳ 令和6年度からの『第7次大田区地域福祉活動計画（リボン計画）』

　大田区社協では、令和6～10年度の5年間を計画期間とする『第7次地域福祉活動計画』の策定をすすめています。同計画は、区の「地域福祉計画」と連携した同じ期間による計画とするとともに、社協がリボン計画を着実に実施するための「大田区社会福祉協議会経営計画」も同じ計画期間で策定することによって、「社協が・・・」という計画ではなく、「区民ができること」「団体ができること」を前面に出した計画としていく予定です。

新たな社協の考え方と地域福祉活動計画に求められること

法制度などや全国社会福祉協議会の動向に加え、地域生活課題の変化を受けて、新たな社会福祉協議会の考え方と地域福祉活動計画に求められることをふまえながら計画を進めます。

住民の全員参加による活動計画

すべての区民が参加し、人間らしい尊厳が保持できること、住民の力を信じていくことを理念に、本計画が住民主体の地域を支える活動計画となることをめざします。

住民ニーズを起点とする活動計画

大田区社協は、今後は、潜在的ニーズも含めた住民の一層のニーズ把握や、それらをふまえた先駆的・開拓的なソーシャルアクションがますます必要になると考えます。
地域福祉活動計画が、区民ニーズを起点としていくために、住民懇談会や地域でのプラットフォームの実施を通して、本計画の立案・運営・見直しをしていくことをめざします。

住民の福祉活動を支える活動計画

社協の実績と特性を生かし、地域福祉推進の中核を担うとともに、住民や地域の関係者との協働により、誰もが地域社会の一員として包摂されるよう、地域の福祉活動を高めるための計画となることをめざします。

地域福祉計画と一体的に進める活動計画

大田区らしい地域共生社会の実現に向けて、大田区地域福祉計画と本計画が「車の両輪」となり、大田区の地域福祉をより充実していかれるよう、大田区社協が積極的に発信、提言することをめざします。

　新しいリボン計画は、「みんなでつくる共につながりあうまち」を基本理念に、①「顔が見える関係を大切にするまち」、②「自分の居場所や役割があるまち」、③「身近なところでささえあうまち」、④「お互いを認めあい誰もが自分らしく暮らせるまち」をめざしていきます。

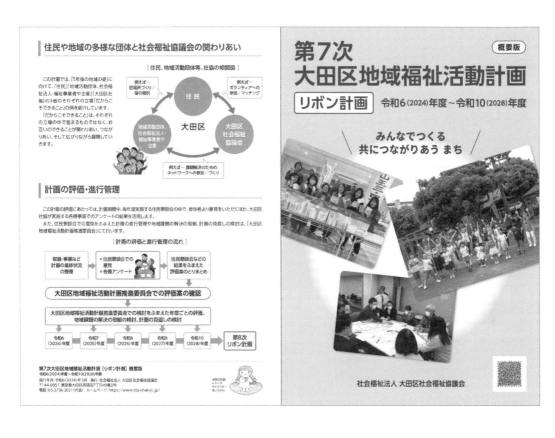

第7次地域福祉活動計画の策定に向けた住民懇談会

● 大森会場

第1回開催：令和5年7月10日（会場：入新井集会室 大集会室）

● 蒲田会場

第1回開催：2023年7月11日（会場：大田区社会福祉センター 会議室）

● 調布会場

第1回開催：令和5年7月5日（会場：鵜の木特別出張所 会議室）

● 糀谷・羽田会場

第1回開催：2023年7月12日（会場：羽田地域力推進センター 会議室）

積極的なアウトリーチと個別相談を地域づくりにつなげる取組み。8圏域における地域福祉コーディネーター事業を中心に、各分野の専門性を活かす。

―調布市社協における重層的支援体制整備事業の取組み

調布市は、令和5年度から重層的支援体制整備事業（以下、重層事業）を本格実施しており、調布市社協は5つの事業すべてを受託しています。調布市社協は、地域福祉コーディネーター事業をはじめ、生活支援体制整備事業、生活困窮者自立支援事業（調布ライフサポート）など、重層事業につながる多くの事業を実施してきました。調布市子ども・若者総合支援事業「ここあ」も受託しており、子ども・若者の総合相談、居場所、学習支援の機能も持っています。子ども・若者のニーズを把握できるのは大きな強みです。ほかにも、高齢者、障害者福祉分野を幅広く運営しています。

調布市では、平成30年度の地域福祉計画および地域福祉活動計画策定の際に、それまで分野ごとにバラバラであった福祉圏域を整理しました。福祉、教育、防災、地域コミュニティの共通基盤である小学校区（20圏域）を基礎圏域とし、複数の基礎圏域で構成される8つの圏域を福祉圏域としています。

調布市社協の地域福祉コーディネーターは、平成25年度の南北各1名のモデル配置から始まり、平成27年度には本格実施となって、東西にも1名ずつ配置されました。平成30年度から8圏域に合わせて配置されることになり、1年に2名ずつ増員されて、令和元年度に全8圏域に配置されています。また、地域支え合い推進員（第2層生活支援コーディネーター）は平成29年度に2名配置された後、令和3年度から毎年2名ずつ増員されて、令和5年度に全8圏域に配置されました。これにより、全圏域に2名のコーディネーターが配置される形となりました。調布市社協のコーディネーターは、決まった拠点を定めてはいませんが、住民による常設の居場所などを活用し、積極的にアウトリーチを行って支援をすすめています。

調布ライフサポートはコーディネーターと同じ1階フロアに窓口があります。各部署が受けた相談に対してコーディネーターが連携して動くことで、各部署で完結してしまいがちな個別の相談から見えた課題を地域活動として実現しています。

調布市の重層事業は、多機関協働事業に重層事業実施前から調布市に設置されていた「相談支援包括化推進会議」を活用するとともに、これまで社協が実施してきた多くの事業を活かして進められています。

〔ヒアリング日：令和6年2月16日〕

調布市社会福祉協議会の皆さん
（後列左から）
地域福祉コーディネーター　中村竜さん／
地域福祉コーディネーター　目黒雄輝さん／
地域福祉コーディネーター　三浦雅史さん
（前列左から）
地域福祉コーディネーター　長谷川紀江さん／
地域福祉コーディネーター　柴垣涼子さん／
地域福祉コーディネーター　武田侑香里さん／
地域福祉コーディネーター　乙黒隆一さん

Ⅰ 調布市社協のこれまでの取組み

（１）調布市地域福祉活動計画と福祉圏域の整理

　調布市社協では、平成30年に第5次調布市地域福祉活動計画（2018年～2023年）を策定しました。第4次計画の終わりを市の計画と揃え、第5次計画から調布市地域福祉計画（2018年～2023年）と期間を同じくしています。両計画は、地域福祉計画に社協の職員が入ったり、地域福祉活動計画に市の福祉総務課や協働推進課の職員が入るなど、相互に委員を出し合って方向性を共有することで、連携、協働した計画となっています。しかし、調布市社協では、特に第5次計画から「地域福祉活動計画は住民の計画」と考えて住民主体を意識した計画策定を目指しており、市の計画と連動しつつ、社協の言葉で理念を表現するようにしました。

　また、調布市では、福祉の分野ごとに圏域がそれぞれでわかりにくいことが課題になっていました。そこで、平成30年の両計画策定の際に福祉圏域の整理を行いました。福祉、教育、防災、地域コミュニティの共通基盤である小学校区（20圏域）を基礎圏域とし、複数の基礎圏域で構成される8つの圏域を福祉圏域としています。8圏域には地域包括支援センターが1か所ずつ設置され、社協の地域福祉コーディネーターと生活支援コーディネーターが各1名の計2名ずつ配置されています。なお、民生児童委員や自治会の圏域は福祉圏域とは一致しませんが、地域で支援をしていく上では、圏域をまたがることのメリットもあると感じています。

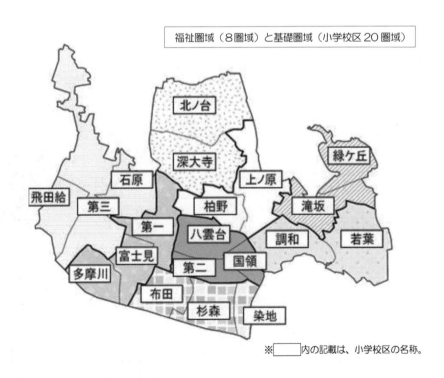

福祉圏域（8圏域）と基礎圏域（小学校区20圏域）

※ ☐ 内の記載は、小学校区の名称。

地域福祉コーディネーター＆地域支え合い推進員
担当地域一覧

地域	担当地域	
緑ケ丘＆滝坂 小学校地域	仙川町1〜3丁目、緑ケ丘1丁目・2丁目、 菊野台1丁目の一部、 東つつじケ丘1〜2丁目・3丁目の一部、 西つつじケ丘1〜4丁目の一部、 若葉町1丁目の一部	目黒 髙杉
若葉＆調和 小学校地域	東つつじケ丘3丁目の一部、 西つつじケ丘3・4丁目の一部、 入間町1〜3丁目、 若葉町1丁目の一部・2丁目・3丁目、 国領町8丁目の一部、 菊野台1丁目の一部・2丁目・3丁目	西浦 吉田
上ノ原＆柏野 小学校地域	佐須町1丁目の一部・2丁目・3丁目の一部・4丁目・ 5丁目、柴崎1丁目・2丁目、菊野台1丁目の一部、 西つつじケ丘1丁目の一部・2丁目の一部、 調布ケ丘3丁目の一部、深大寺元町2丁目の一部、 深大寺東町2丁目の一部・3丁目・4丁目、 深大寺南町1〜3丁目の一部・5丁目の一部	柴垣 伊藤
北ノ台＆深大寺 小学校地域	深大寺北町1〜7丁目、佐須町1丁目の一部、 深大寺元町2丁目の一部・3〜5丁目、 深大寺東町1丁目・2丁目の一部・5〜8丁目、 深大寺南町1〜3丁目の一部・4丁目・5丁目の一部	長谷川 志村
第二＆八雲台＆国領 小学校地域	佐須町3丁目の一部、 調布ケ丘2丁目・3丁目の一部、 八雲台1丁目・2丁目、 国領町1〜5丁目、8丁目の一部、 布田2丁目・3丁目	乙黒 矢田
染地＆杉森＆布田 小学校地域	国領町6〜7丁目、染地1〜3丁目、 布田5〜6丁目、多摩川6〜7丁目	中村 北島
第一＆富士見台＆多摩川 小学校地域	富士見町2丁目の一部、 下石原1〜3丁目の一部、小島町1〜3丁目、 多摩川1〜5丁目、布田1丁目・4丁目、 調布ケ丘1丁目・3丁目の一部・4丁目、 深大寺元町1丁目	三浦 金子
第三＆石原＆飛田給 小学校地域	飛田給1〜3丁目、上石原1〜3丁目、 富士見町1丁目・2丁目の一部・3〜4丁目、 下石原1〜3丁目の一部、 野水1丁目・2丁目、西町	武田 佐藤

左：地域福祉コーディネーター　　右：地域支え合い推進員

（2）調布市社協の各事業について

　調布市社協は都内でも早く平成25年度から地域福祉コーディネーターの配置が進んだ地域です。生活支援体制整備事業、生活困窮者自立支援事業も受託しており、地域で個別支援と地域支援を行う体制が整っています。また、調布市子ども・若者総合支援事業のほか、高齢者、障害者等幅広く運営し、福祉の各種別の専門性を有しているのが特徴です。

①　地域福祉コーディネーター事業

　調布市では、１期前の調布市地域福祉計画（2012年度〜2017年）および第４次調布市地域福祉活動計画に基づき、平成25年度から調布市社協に地域福祉コーディネーターを配置しています。南部地域と北部地域への各１名のモデル配置から始まり、平成27年度には本格実施となって、西部地域と東部地域にも各１名ずつ配置されました。平成30年度には整理された福祉圏域に合わせて担当地域が８圏域に変更され、同時に２名増員されて、８圏域のうち６圏域に配置となっています。さらに令和元年度に２名増員され、８圏域すべてに地域福祉コーディネーターが配置されました。その財源は、平成25年度は東京都の包括補助、平成26年度は地域福祉等推進特別支援事業、平成27年度〜29年度までは地域における生活困窮者等のための共助の基盤づくり事業をもとに補助事業として配置されており、平成30年度からは国のモデル事業（地域共生社会の実現に向けた包括的支援体制の構築事業）が財源となりました。そして、令和３年度から重層的支援体制整備事業（移行準備事業）が財源となったことで委託事業に変わっています。

　調布市社協の地域福祉コーディネーターは、圏域内で常駐する拠点を定めずに活動しています。積極的にアウトリーチを行っていることと、インフォーマルな住民による常設の居場所やボランティアセンターの６か所のブランチなどを活用していることから、特に動きにくさは感じていないとのことです。全員が社協の事務所にいて、そこから地域に出ていく体制を取っていることで、地域福祉コーディネーターの孤立を防ぎ、フォローし合うことができています。また、拠点を定めないことで、圏域をまたいだ取組みをすすめやすいと言います。

②　生活支援体制整備事業（地域支え合い推進員）と地域福祉コーディネーター

　調布市の生活支援体制整備事業は、市に第１層生活支援コーディネーターを配置し、調布市社協に地域支え合い推進員（第２層生活支援コーディネーター）を配置しています。平成29年度から、８圏域のうち、すでに地域福祉コーディネーターが配置されている圏域に重ねて配置をすすめていきました。平成29年度に２名配置された後、令和３年度以降は毎年２名ずつ増員されて、令和３年度４名、令和４年度に６名、令和５年度に８名の配置となりました。８圏域全域に１名ずつの地域支え合い推進員が配置されたことで、各圏域のコーディネーターは、地域福祉コーディネーターと合わせることで２名ずつ配置される形になりました。生活支援体制整備事業は健康福祉部高齢者支援室が所管の事業ですが、地域支え合い推進員は高齢者の分野に限らず、地域福祉コーディネーターと協力して同じように地域の課題解決に動いています。また、ひきこもりや不登校、子ども食堂のような全域的な課題については、８人の地域福祉コーディネーター全員が担当圏域を超えた１層コーディネーター

のような対応をしたり、複数人でチームを作ることもあります。

③ **コーディネーター間の情報共有、コーディネーターの育成、資質向上の取組み**

　現在、地域福祉コーディネーターと地域支え合い推進員を合わせて16名のコーディネーターがいます。全員が揃っての係会議を月1～2回開催していますが、各自の予定や困っていることの相談などは毎朝のミーティングで共有するようにしています。地域福祉コーディネーターだけの会議は月2回、また地域福祉コーディネーターと市の福祉総務課との会議が月1回あります。地域支え合い推進員が市の第1層コーディネーターと状況を共有する会議も開催しています。このように会議が月に複数回はありますが、日頃から状況を共有することを大事にしています。また、大学の先生による年6回のスーパービジョンも行っており、この数年で増員を重ねてきたコーディネーターの育成や資質向上にも力を入れています。なお、スーパービジョンは、コーディネーター全員が揃っているときには、地域福祉活動計画の策定や推進の共有をするようにしています。

↑
社協内に8圏域ごとの地域福祉コーディネーターと地域支え合い推進員（第2層生活支援コーディネーター）の顔と取組みのチラシを貼っています。

←地域福祉コーディネーターと地域支え合い推進員（第2層生活支援コーディネーター）合同の係会議の様子

④　生活困窮者自立相談支援事業（調布ライフサポート）

　調布市社協は平成27年度から生活困窮者自立相談支援事業（調布ライフサポート）を受託しています。調布ライフサポートの職員も8圏域の地域担当制を取っています。地域福祉コーディネーターと隣り合っていることからお互いに相談しやすく、両担当の連携は以前よりもすすんできていると言います。複雑化・複合化した課題に協力して対応しやすいので、調布ライフサポートを社協が受託しているメリットを感じているとのことです。例えば、地域包括支援センターから地域福祉コーディネーターに相談があった「8050」や多重債務の世帯のケースを調布ライフサポートにつなぎ、地域福祉コーディネーターとライフサポートの地域担当が一緒に訪問することもあります。また、調布ライフサポートでは、相談のゴールとして、就労支援だけではなく、地域福祉コーディネーターのインフォーマルなつながりを活用できています。

⑤　調布市子ども・若者総合支援事業「ここあ」

　調布市社協の特徴的な事業に調布市子ども・若者総合支援事業「ここあ」の受託があります。平成27年11月より始まった「ここあ」は、子ども・若者に対する相談支援とともに、学習支援や居場所の提供を行っています。「ここあ」は4名の職員で担当圏域を分けずに対応しています。「ここあ」に入った相談に地域福祉コーディネーターがかかわることで、子どもや若者の課題を地域の課題として活動につなげるという役割を果たしています。例えば、起立性調節障害があるケースに「ここあ」と地域福祉コーディネーターが連携して対応したことで、起立性調節障害を地域で理解してもらうための映画の上映会を開催することができました。また、「ここあ」に通っている高校卒業世代の仕事がうまくいかないという相談が、地域福祉コーディネーターが把握した地域に貢献したいという企業につながり、就業体験が実現したこともあります。ほかにも「ここあ」への相談を地域福祉コーディネーターが共有することで、地域の親子向けのワークショップや中学校の特別支援学級の授業につながるなど、地域に向けた企画に展開していくことがあり、子ども・若者の課題に対する地域の応援団を増やすことができると感じています。調布市社協では、以前か

ら高齢分野や障害分野の事業を実施していましたが、それらに比べると、本事業受託前は子ども・若者分野へ取組みが十分ではなかったとも言えます。現在は、子ども・若者のニーズがより把握できるようになり、「ここあ」の事業を社協が実施していることに意味を感じています。

　生活困窮者自立相談支援事業（調布ライフサポート）や調布市子ども・若者総合支援事業「ここあ」としても、地域福祉コーディネーターの存在により各部署の連携を深めているとも言えます。

⑥　高齢者、障害者、子どもの各事業との連携に向けて

　調布市社協は、高齢者、障害者等福祉分野を幅広く、それぞれの種別の事業を実施しています。各種別の事業を通して家庭の課題が見えてくることもあり、それぞれの分野で地域の各分野の実践に関わる機関とつながっていることは調布市社協の強みです。

　しかし、各分野の委託事業が増えていくと、社協職員としての共通意識を持ちづらくなることもありました。そこで、令和5年度にすすめた第6次地域福祉活動計画の策定では、部署を問わず1圏域5～6名程度の職員が入って、市全域の計画のほかに8つの圏域ごとの計画づくりを行いました。各分野の委託事業を担っている職員が、計画策定を通して、社協が委託事業を実施する意味や地域とのつながりを考えることができ、全職員が地域のソーシャルワーカーだと立ち返る機会になりました。今後は策定された計画を通して、各事業が地域と接点を持つとともに、そのことが各種別の事業のプラスになると感じられるとよいと考えています。

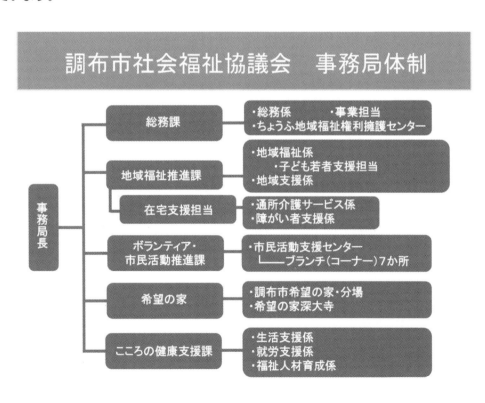

（3）調布市社会福祉法人地域公益活動連絡会の取組み

　調布市社会福祉法人地域公益活動連絡会は平成29年7月に設立され、調布市社協が事務局を担っています。現在はフードドライブとなんでも相談窓口に取り組んでいます。連絡会の事業は、総務課事業担当が担当していますが、地域福祉コーディネーターもフードドライブの周知や配分先の調整を行っています。フードドライブを通して企業とつながるなどの成果もありました。なんでも相談窓口は、幹事会の8法人のみで実施している事業で、各法人が受けた相談を地域福祉コーディネーターにつなぐしくみとなっています。件数はまだ少ないですが、なんでも相談窓口を実施することは地域福祉コーディネーターの周知にもなります。今後は、実施法人を増やし、さまざまな分野で受けた相談を地域福祉コーディネーターにつなげるルートができていくといいと考えています。複雑化・複合化した課題に対応していくために実施する重層的支援体制整備事業には社会福祉法人の力が求められます。各分野の社会福祉法人が持つ専門性を課題解決に発揮することで、相談支援事業や参加支援事業の幅が広がることが期待できます。

Ⅱ　重層的支援体制整備事業の実施状況

（1）重層的支援体制整備事業実施前の取組み

　調布市では、平成30年度から令和2年度に国のモデル事業である「地域共生社会の実現に向けた包括的支援体制構築事業」の「地域力強化推進事業」と「多機関の協働による包括的支援体制構築事業」を実施しています。

　地域力強化事業では、地域福祉コーディネーターによるアウトリーチに力を入れて取組みました。また、地域福祉コーディネーターの具体的な取組み事例としては、制度の狭間であるひきこもりの方への支援として、ひきこもり家族会、当事者会、女子会の立ち上げなどがあります。子ども食堂のネットワーク化のように、圏域内で対応を終わらせずに市域全体につなげる取組みもすすめました。多機関の協働による包括的支援体制構築事業では、圏域別専門職ネットワーク会議を開催しました。圏域別専門職ネットワーク会議は、地域福祉推進会議や地域福祉計画に必要性があげられている会議です。圏域内の専門職の顔の見える関係をつくり、円滑な連携体制の構築のために、8つの圏域ごとに地域福祉コーディネーターが開催しています。地域福祉コーディネーターの周知にもなり、地域からあがってきた制度の狭間のケースなどを共有することで、各機関において幅のある支援が期待できるようになりました。

　相談支援包括化推進会議は調布市主催の会議です。行政と民間の相談支援のセクションが集まり、年に数回定例で開催してきました。管理職級による推進会議（本会議）と係長級による部会から成り立っています。以前から開催されていた会議ですが、今後は、重層的支援体制整備事業の支援会議、重層的支援会議としても開催されることになりました。

　重層的支援体制整備事業の実施に向けて、調布市と調布市社協の間では、毎月の定例会や地域福祉推進会議、相談支援包括化推進会議開催時などに打合せを重ねてきました。また、調布市社協内の取組みとして、相談事業の部署を集めて、市の福祉総務課による重層的支援体制整備事業に関する研修会を実施しました。

（2）調布市の重層的支援体制整備事業の各事業の特徴

　調布市社協は、重層的支援体制整備事業の５つの事業すべてを受託しています。それぞれ既存の事業を発展させて実施しています。

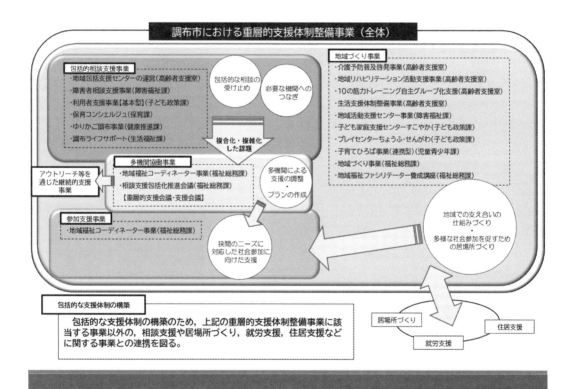

①　相談支援包括化推進会議と多機関協働事業

　調布市では、重層的支援体制整備事業実施前から定例で開催していた「相談支援包括化推進会議」を残し、その機能を活かして多機関協働事業の会議としました。管理職級による本会議と係長級による部会がありますが、令和5年度は7月に合同で開催し、重層的支援体制整備事業の事業説明を行いました。10月の会議は、定例会議の委員ではなくケースに関わるメンバーを集め、重層的支援体制整備事業の支援会議と重層的支援会議に位置づけて、それぞれ1件ずつケースを検討しました。ケース検討は部会で行い、本会議は支援会議の報告と重層的支援会議のプランの承認の場としています。令和6年2月の部会も支援会議として開催し、3月の本会議に報告をします。

相談支援包括化推進会議は、今後も重層的支援体制整備事業の会議としてだけではなく、これまで通り定例の会議としても開催します。支援会議は、今のところ随時開催ではなく、この定例会議の中で開催することになっています。ケースが出てきたタイミングで開催できるほうが望ましいとも考えられますが、調布市内では、カンファレンスの開催のために関係機関に声をかけやすい状況になっているので、緊急に検討する必要があるケースについては、重層的支援体制整備事業ではない会議で対応をしています。それでも、支援会議には、通常のカンファレンスには参加しない機関も集まり、さまざまな視点を持った方の意見をもらうことができるので、複雑化・複合化した課題は支援会議で検討できるといいと言います。なお、重層的支援会議は随時開催となっています。

調布市社協は多機関協働事業を受託しており、令和5年度において、支援会議は市が主催し、重層的支援会議は調布市社協が主催して実施しています。また、両方の会議とも、市と社協が協力して開催しています。

国のモデル事業「地域共生社会の実現に向けた包括的支援体制構築事業」の「多機関の協働による包括的支援体制構築事業」で開催してきた「圏域別専門職ネットワーク会議」は、調布市社協の地域福祉コーディネーターが主催で、必要に応じて開催しています。

② 包括的相談支援事業

既存の事業である地域包括支援センターの運営（高齢者支援室）、障害者相談支援事業（障害福祉課）、利用者支援事業【基本型】（子ども政策課）、保育コンシェルジュ（保育課）、ゆりかご調布事業（健康推進課）、調布ライフサポート（生活福祉課）が位置づけられています。主な取組み内容は、包括的な相談の受け止め、多機関協働事業へのつなぎ、多機関協働事業による継続的な支援が行われている際の包括的相談支援事業との連携、多機関協働事業による支援終結時の包括的相談支援事業へのつなぎもどしです。調布市社協が実施している事業の中では、地域福祉コーディネーター事業、調布ライフサポート（生活困窮者自立支援事業）、障害者地域活動支援センタードルチェ、こころの健康支援センター、子ども若者総合相談事業「ここあ」にて、包括的相談支援を行います。

③ 地域づくり事業（地域づくりに向けた支援事業）

既存の事業である市の高齢者支援室の介護予防普及啓発事業、地域リハビリテーション活動支援事業、10の筋力トレーニング自主グループ化支援、生活支援体制整備事業、障害者福祉課の地域活動支援センター事業、子ども政策課の子ども家庭支援センターすこやか、プレイセンターちょうふ・せんがわ、児童青少年課の子育てひろば事業（連携型）、市の福祉総務課の地域づくり事業（地域福祉コーディネーター事業）、地域福祉ファシリテーター養成講座が位置づけられています。主な取組み内容は、世代や属性を超えて交流できる場や居場所の整備、個別の活動や人のコーディネート、多分野がつながるプラットフォームの展開です。調布市社協が実施している事業の中では、地域福祉コーディネーター事業による地域づくり支援、生活支援コーディネーターによる地域づくり支援、障害者地域活動支援センタードルチェによる居場所、こころの健康支援センターによるプログラム、子ども若者総合

相談事業「ここあ」による居場所・学習支援を地域づくりなどが該当します。

地域福祉ファシリテーター養成講座は、三鷹市・小金井市・武蔵野市・調布市の４市の行政と社会福祉協議会が近隣の大学と開催している講座で、地域活動を企画・コーディネートする地域福祉の担い手創出を目指しています。また令和５年度より、講座修了生のフォローアップの位置づけで、修了生が社協職員と一緒に、地域向けの勉強会の企画運営、講師選定及び打合せ、チラシ作り、当日のファシリテート等を行い、講座で学んだことの実践と地域福祉コーディネーターの働きかけの視点を体験する機会として実施しています。

今後の地域づくり事業は、地縁による取組みと「ひきこもり」や「ひとり親」のようなテーマ別の取組みの両方をすすめていくことや企業、郷土博物館、住宅、環境、教育など福祉以外の部署と連携し、インフォーマルな資源が福祉とつながっていくことが期待されます。

④ 参加支援事業

地域福祉コーディネーター事業の中で実施します。主な取組み内容は、資源開拓・マッチング、定着支援・フォローアップ、地域における福祉サービスとの連携、生活支援コーディネーターや市民活動支援センター、こころの健康支援センター、子ども・若者総合支援事業「ここあ」との連携などです。

多機関協働事業及び参加支援事業におけるプランを通して、対象者の社会参加におけるニーズを丁寧に聞き取り、既存の地域資源へのつなぎや既存の地域資源の機能拡張、新たな地域資源の創出に向けて、積極的なアウトリーチを通して、地域づくりに寄与する個人や団体、取組み主体と関係づくりを行っています。また日頃の地域福祉コーディネーターや生活支援コーディネーター、ボランティアコーディネーターの連携による地域内の活動支援（地域づくり）、こころの健康支援センターや子ども・若者総合支援事業「ここあ」等とも個別ニーズ・地域ニーズの共有、マッチングを行うことで、参加支援先の充実につなげられるように進めています。

⑤ アウトリーチ等を通じた継続的支援事業

地域福祉コーディネーター事業の中で実施します。主な取組み内容は、支援関係機関等との連携を通じた情報収集、事前調整・関係性構築に向けた支援・同行支援、地域包括支援センターや地域支え合い推進員との連携などです。複雑化・複合化した課題は、窓口で待っていても相談には来ません。地域福祉コーディネーターは、これまでも積極的なアウトリーチを重視してきましたが、これからもどんどん必要な場所に出向いて支援を行います。また、支援が必要な方のアウトリーチだけでなく、地域の課題をコーディネーターにつないでくれる人とつながるためのアウトリーチも行っています。

（4）今後の展望

調布市の重層的支援体制整備事業は、地域福祉コーディネーター事業をはじめとした、これまで調布市社協が取り組んできたことを活用して実施しています。

本事業の実績報告の調整はこれからです。例えば、地域福祉コーディネーター事業とし

ての参加支援は、１つのケースのために実施するのではなく、地域づくりの延長の中で行っています。以前から社協が取り組んできたことも含めての評価となるよう、市と課題を共有し、実績の考え方を整理していく必要があります。

　これまで調布市社協が取り組んできたことを積み重ねていくとともに、さらに社協内部での本事業の理解を深めて、各部署が専門性活かして、地域福祉コーディネーターと一緒に地域づくりに取り組めるといいと感じています。

重層的支援体制整備事業に向けた 社協の取組み方策検討プロジェクト

1 プロジェクトメンバー ※オブザーバー

	メンバー	所　属
1	諏 訪　 徹	日本大学 文理学部 社会福祉学科　教授
2	熊 田 博 喜	武蔵野大学 人間科学部 社会福祉学科　教授
3	小 山 奈 美	中野区社会福祉協議会　経営管理課長
4	山 本 繁 樹	立川市社会福祉協議会　総合相談支援課長
5	加 山　　弾※	東洋大学 福祉社会デザイン学部　社会福祉学科　教授

上記メンバーに加え、毎回、ヒアリング先の社協が参加

2 プロジェクト開催日

令和5年度

	開催日	内　容
第1回	6年2月27日（火）	国分寺市社協、豊島区民社協、渋谷区社協へのヒアリング内容の報告と取組み方策の検討
第2回	6年3月28日（木）	大田区社協、調布市社協へのヒアリング内容の報告と取組み方策の検討

重層的支援体制整備事業　実践事例集　Vol.2

～実施５区市の区市町村社協の取組みより～

発行日：令和６年５月

発　行：社会福祉法人東京都社会福祉協議会

　　　　地域福祉部地域福祉担当

　　　　〒162-8953　東京都新宿区神楽河岸 1-1

　　　　TEL：03-3268-7186

　　　　FAX：03-3268-7222

ISBN978-4-86353-317-2

C3036 ¥700E

9784863533172

東京都社会福祉協議会
定価770円（本体700円＋税10%）

1923036007005

重層的支援体制整備事業
実践事例集
〜実施7区市の区市町村社協の取組みより〜

社会福祉法人

東京都社会福祉協議会